中公新書 2724

大竹文雄著

行動経済学の処方箋

働き方から日常生活の悩みまで

中央公論新社刊

プロローグ　経済学の常識、世間の常識

専門知を活かす前提条件

新型コロナウイルス感染症対策や災害対策では、専門家の知識である専門知をどう政策に活《い》かすべきかが議論になった。専門家の提案に従って政策が進められることもあれば、専門家の提案と異なる政策を政府が採用する場合もある。実は、専門知が政策に活かされるためには、いくつかの前提条件が必要だ。

第一の前提条件は、専門家の間での判断がある程度一致していることである。最先端の学術研究では、専門家の間で謎とされていることが分析対象となる。それら研究結果の蓄積で、専門家の間で合意され常識となったものがテキストに書き込まれていくのだ。そのレベルにまでなっていると、専門家の間での判断は一致していることが多い。第二に、専門家の間で判断が一致していることが、社会にも理解され受け入れられることである。論理的に複雑で、

世間一般の人に理解できない場合であれば、専門家への信頼が重要になる。第三に、専門家が前提としている価値判断と、世間の人々の価値判断が一致していることである。感染症の専門家が、コロナ感染者数を最小化するために社会経済活動の大幅な行動制限を含む対策を提言した場合、人々の行動の自由という権利を制限し、社会経済活動を制限することを許容するかどうかは、人々の価値観に依存する。感染者数を最小にすることが何よりも優先されるという価値観もあれば、人々の権利はできる限り制限すべきではないという価値観もある。もし専門家の価値観と社会の多数派の価値観が異なるのであれば、価値観に依存した対策である限り、専門知が政策に活かされるということはない。

経済学者の専門知が政策にそのまま活かされるかどうかにおいても、同じことが言える。つまり、経済学者の間で意見が一致して常識になっていることや、それが依処している価値観が世間の人々の価値観と一致していることが、経済学者の専門知が政策に活かされるための前提条件になっているのである。ところが、経済学者の間では常識でも、一般社会では常識になっていないことも多くある。もちろん、専門家である経済学者の常識が正しくて、世間の考え方が間違っているということもある。一方で、経済学の想定が現実とは異なり、経済学者の常識の方が間違っていたというものもある。あるいは、経済学のイメージが昔のままであるため、経済学の常識が世間に間違って伝わったままであるということもある。経済学の常識と、世間の常識のギャップについて、以下、五つのパターンを紹介しよう。

経済学の常識が直感的理解と異なる

経済学の常識が、世間の常識とならない第一のタイプは、その常識が直感的に理解しにくいというものである。このタイプの典型的なものとして、比較優位という考え方がある。例えば、ＩＴ企業の会社員Ａさんは営業もプログラミングも社内でトップクラスで、会社にとってＡさんは自分で営業しながらプログラミングもした方が望ましいように思われる。これが世間の常識だろう。しかし経済学者なら、Ａさんに、同じ時間働いたとき営業かプログラミングかどちらが本人にとって得意な仕事かを聞いた上で、どちらかに特化して、それ以外の仕事は別の人に任せた方がよいと考える。このとき、生産性の高さという絶対優位を基準にするのではなく、自分が得意とする仕事、比較優位を基準にして仕事を分担するのが望ましいと考えるのだ。それは国際貿易にも当てはまり、経済学者の多くは、貿易自由化が多くの人を豊かにすると考え、グローバル化に賛成する。しかし、世間は貿易自由化によって、国内産業が競争に負けて仕事が失われるので、自由貿易の推進に反対することが多い。

これについて経済学では、貿易自由化で国内産業の一部で仕事が失われても、比較優位に従って別の産業に特化することになるので、失業しても別のよりよい仕事を見つけることができる、と考えられてきた。しかし、今までの経済学の常識を修正すべきだという新しい研究も出てきている。アメリカの経済学者デヴィッド・オーターらの一連の研究は、輸入が急増した場合に、労働市場での調整にはかなりの時間がかかり、失業増、所得減少、結婚率の減少という社会経済的問題が引き起こされることを明らかにしている。[1] つまり、世間の常識が正しかった、という研究結果だ。

同様のことが、最低賃金の引き上げについても言える。1990年代半ばまでの経済学では、最低賃金の引き上げは、最低賃金以下の人たちを失業させ、運よく最低賃金で雇用された人と仕事を失った人の格差を広げるだけだ、という考え方が一般的だった。一方世間では、最低賃金を引き上げても、低賃金の人たちが仕事を失わず、より高い賃金を得られると考えられていた。経済学の常識の背景には、低賃金の労働はかなり競争的で、労働者は少しでも賃金の高い仕事があると転職する、という想定があった。実際、最低賃金の仕事の多くは、誰でもできるような仕事が多いので、そうした仕事をしている人たちは、どの仕事にも応募できるはずで、競争的な労働市場の想定は正しいように思える。ところが、1990年代半ばに行われたデヴィッド・カードとアラン・クルーガーの一連の実証研究は、経済学の常識をひっくり返すほどのインパクトがあった。[2]

彼らは因果関係を識別する信頼性の高い実証研究を行い、その結果、最低賃金の引き上げは雇用を減らさない、ということを明らかにしたのだ。その後も、数多くの実証研究が行われ、最低賃金を引き上げると、最低賃金以下の雇用は減っても、最低賃金とその周辺の雇用が増えるので、雇用への悪影響はほとんどないことが示されている。この理由として、最低賃金の水準で働く人の多くは、様々な事情で住居の近くで働くことを希望しており、実際には仕事の選択肢が非常に限られていることが考えられている。この場合も、従来の経済学で考えられていた前提が現実には対応せず、世間の常識の方が現実を正しくとらえていた、と言える。

これら貿易自由化と最低賃金について、経済学が間違っていたのは、それらが競争的市場と独占的市場のどちらに当てはまるか、という認識にあった。経済理論が間違っていたというよりは、労働市場がどの程度競争的だとみなすべきかについての経済学者の間での常識が間違っていたと言える。

経済学の常識が従来と変わった

第二のタイプの経済学の常識と世間の常識とのギャップは、かつての経済学の常識が世間の常識になったものの、その後経済学の常識が変わったことによって生じたものである。消費税の逆進性の認識はその例だ。日本の高校の社会の教科書にも消費税には逆進性があり、それが問題だと明記されている。しかし、豊かさを現在の所得だけで測るという間違った方法を用いていたので、消費税の逆進性が発生しているように見えるだけだ、という考え方が現代の経済学では常識になっている。人々の豊かさは、現在の所得より、資産も含んだ今後の将来所得全体で測るべきだ、という「ライフサイクル仮説」が現代の経済学の常識なのだ。

現代の経済学は、人は今後どれだけ所得を得られるか、現在の資産はどれだけあるかを前提にして、今日いくら消費するかを人々が決めている、と考える。それを前提にすれば、現在所得が低くても多くの消費をする人は、現在の資産が多いか、将来多くの所得を稼げると考えている人ということになる。こういう人たちを一概に貧困世帯と呼んでいいのだろうか。しかし、高校の社会の教科書には、こうした現代の経済学の考え方は紹介されていない。本来であれば教科書の記述を変える必要があるが、所得が低いことが貧しいこと、という見方の方が直感的でわかりやすいので、この世間の常識を変更するのはなかなか難しい。それでも、これは少子高齢化社会での税・社会保障制度のありかたに影響するので、常識を変えていくことは重要だろう。

経済学の常識が世間に十分に理解されていない

第三のタイプは、経済学の常識が十分に世間の常識になっていないために、非効率性が生じていることである。製品やサービスの価格付けは難しい。値上げをすると売り上げが下がる、というのが経済学の基本である需要法則だ。価格が上がると売り上げが減ることは多くの人が理解している。しかし重要なのは、値上げによってどの程度売り上げが下がるかということ、そして、売り上げが下がっても実は利益まで下がるとは限らないということだ。ここまで理解している人は少ない。前者は、経済学者やデータサイエンティストが得意な分野で、専門的知識がないと、正確に把握することが難しい。特に、原材料価格が高騰して、値上げが必要な時期に、値上げによる需要減少の程度を正確に測定することの価値は高いはずだ。後者は、経済学をよく理解しないと誤解してしまう点だ。

世間には経済学の研究対象だと思われていない

第四のタイプは、既に経済学の常識になっているが、世間では経済学の研究対象だと思われていないために存在するギャップである。健康、医療、教育の分野がそうだ。従業員の健康問題は、産業医の研究対象であっても経済学者の研究対象だとは世間では思われていない。しかし、従業員の健康状態をよりよくすることは、企業の業績にも影響する可能性がある。そうすると、企業が従業員の健康を改善するための費用は、従業員の雇用のための経費ではなく、生産性を高めるための投資だと判断できる。

医療制度の分析は、医療の専門家が行うべきで、お金儲《かねもう》けを考える経済学で分析できるものではないし、経済学は現実離れしている、というのもよくある世間の常識だ。私自身も新型コロナウイルス感染症対策分科会で、医療提供体制、感染対策、ワクチン接種などについて提言をした際に医療関係者から、経済学者は景気対策を議論すべきで、医療のことに口を出すな、という趣旨の批判を受けた。これは経済学の守備範囲が世間では非常に狭く捉えられているために生じる批判だ。経済学はお金儲けの方法や景気対策だけを分析する学問ではなく、人々の満足度を高めるために、財やサービスの生産と配分をどれだけ無駄なく行えるかということを研究する学問分野だ。そうすると、貴重な医療資源をどのように有効利用するかという点で、医療の制度設計は経済学の研究対象なのである。かつての経済学は非常に非現実的で役に立ちそうになかったことも事実だが、現在の経済学は、現実の制度や人々の行動をしっかり把握した上で分析が行われている。

教育分野も現在では、多くの経済学者が取り組む重要な研究分野となっている。教育・訓練を人への投資と考える人的資本という概念を用いるのだが、世間からは、この概念が人間を機械のように扱っていると、拒否反応を抱かれているようだ。また、かつての経済学では、学歴やＩＱで表される認知能力と所得の関係に分析が偏っていた。しかし、教育現場では、認知能力を高めることだけを目標としてきたわけではない。日本の教育基本法では教育の目標として、第2条に、「幅広い知識と教養を身に付け、真理を求める態度を養」うという認知能力の獲得に加えて、「豊かな情操と道徳心を培う」、「正義と責任、男女の平等、自他の敬愛と協力を重んずるとともに、公共の精神に基づき、主体的に社会の形成に参画し、その発展に寄与する態度を養う」といった非認知能力（テストなどで数値化されない、人生を豊かにする力）の獲得を挙げている。そして経済学も、最近の非認知能力について経済分析を行い、発展してきている。従来の教育経済学と教育現場とのギャップは埋められてきているのだ。

経済学は冷酷な人間を前提にしていると世間で思われている

第五のタイプは、経済学は冷酷な人間を前提にした学問だという、世間の常識とのギャップである。実際、経済学者は、金銭的な損得勘定だけで物事を判断する人間だと思われているようだ。しかし、伝統的な経済学が高い計算能力をもった人と競争的な市場を前提にしていたことが多かったのに対し、現在の経済学は他人のことを考える人間を想定していること、人間の能力は限定的であること、市場には様々な不完全性があることを前提にして研究が行われている。

人間の意思決定は、伝統的経済学の想定である「合理的意思決定」からズレることが知られてきた。例えば、「90％の確率で命が助かる治療法です」と言われたときと、「10％の確率で命が助からない治療法です」と言われたときとで、その治療法を選ぶ人の比率に違いが出てくる。明日からダイエットを始めると決めても、翌日になると先延ばししてしまう。つまり、私たちは論理的には同じことであっても、異なる表現で示されたときに、異なる意思決定をすることがある。

私たちが生活していくために意思決定しなければならないことは、あまりにも多い。そのすべてに、私たちの認知能力をフルに使っていては、とても疲れてしまうし、意思決定が間に合わないことばかりになる。そのため、私たちは、注意を払う必要のないことは、直感的、自動的な意思決定をしていることが多い。注意して考えたとしても、あまりにも複雑な問題だと、そもそも合理的に考えることに限界があるので、直感的な決定方法の影響を受けてしまう。

また、私たちは、常に市場競争の場で生きているわけではない。家族や友人との付き合い、地域のコミュニティなど市場競争と直接的に関係がない人間関係も多い。市場競争にさらされている企業でさえ、組織内ではすべてが価格を通じた取引ではなく、助け合いや利他的な行動も多く行われている。自分さえよければいいという冷酷な人間では、人間関係をうまく構築できないだろう。現実の人間は、周囲の人との人間関係を重視するのだ。

このような現実的な人間像を取り入れた経済学は行動経済学と呼ばれてきた。行動経済学の研究が始まった1970年代末から2000年頃までは、行動経済学と伝統的経済学との対立もあった。しかし、現在では、行動経済学は、多くの標準的な経済学の教科書にも取り入れられており、経済学の一分野になっている。ノーベル経済学賞も、ダニエル・カーネマン（2002年）、ロバート・シラー（2013年）、リチャード・セイラー（2017年）と3人のアメリカの行動経済学者が受賞している。そして、行動経済学の発展によって、経済学は非常に現実的な学問になった。伝統的な経済学だと、人々は合理的に行動しているので、市場競争がうまく機能しない場合だけ、政府が介入すればよい。そのため、経済学者が行うべき仕事は、政府の行動に対する研究と政府へのアドバイスだけだった。しかし、私たちが、日常的に伝統的な経済学の意思決定とズレるような意思決定をしているとすれば、行動経済学を用いて、よりよい意思決定の支援をすることが可能になる。私たちの日常の困りごとを解決する処方箋として、行動経済学は機能する可能性があるのだ。

経済学の常識も変わる

以上のように、経済学の常識と世間の常識の間には様々な理由でギャップがある。経済学の常識が世間に広がると、社会がよりよくなるものもある。一方、まだまだ経済学が不完全なところもあるかもしれない。しかし、経済学が、日々新しい研究成果をもとに更新され続けていることは間違いない。この本では、経済学の成果を社会に理解可能な形でお伝えしていきたい。

1　Autor（2018）

2　Card and Krueger（1995）

目　次——行動経済学の処方箋

イラスト／大塚砂織
図表作製／ケー・アイ・プランニング

第一章　日常生活に効く行動経済学

1　「得る喜び」より2倍大きい「失う悲しみ」

人は誰でも損をすることは嫌いだ。しかし、確実に損をすることを避けようとして、大損の可能性がある選択をしてしまうことがある。

つぎの場合で、あなたはどちらを選ぶだろうか。

問1「A：コインを投げて表が出れば2万円もらい、裏が出れば何ももらわない。

　B：確実に1万円をもらう」

多くの人は、確実に1万円をもらうというBを選ぶのではないか。では、つぎはどうか。

問2「まず2万円をもらった後、

　C：コインを投げて表が出れば2万円を支払い、裏が出れば何も支払わない。

　D：確実に1万円を支払う」

せっかく手にした2万円を失うのはつらいので、その可能性が維持できるように、コインを投げるCを選ぶのではないだろうか。わざわざ1万円を損する選択はしたくないと考える人が多いようだ。

しかし、問2の場合も2万円をもらう前から考えると、問1と本質的に同じになる。それ

にもかかわらず先に2万円を手にした場合は、その2万円を失いたくないので、コイントスというリスクがある選択に賭けてしまう。お金をもらっていないゼロの状態から考えれば、確実に1万円を手にする選択肢を選ぶことができていたはずだ。しかし、既に2万円を持っているという現状から考えてしまう。それで、確実に1万円を手にすることができるはずの選択のことを、1万円を確実に損すると感じてしまうのだ。

　これは、行動経済学で知られている「参照点依存」という特性だ。「参照点依存」というのは、つぎの二つの人間の特性を言う。まず、損失回避である。一万円を失ったときの悲しみは、1万円をもらったときの喜びの2倍以上だという特性である。損をする気持ちは、得をする気持ちよりも強い。

つぎに、リスク態度の非対称性である。お金をもらったときの喜びも、失ったときの悲しみも、金額が増えていくと喜びや悲しみの増え方が小さくなっていく。お金を失うときの悲しみは、最初の1万円は大きいが、10万円から11万円に損失額が増えたときの悲しみはあまり変わらない。お金をもらうときも同じだ。

このため、得をする場合には、危険のあるものよりも危険がないものを選ぶ一方で、損をする場合には確実に損をするよりもギャンブルを選んでしまうという行動を私たちがとってしまう。実質的には、同じことでも、損失を強調するような言い方をされると、損失を大きく嫌ったり、リスクを取ってしまう。

損の確定を嫌い、現状維持の可能性をねらってギャンブルをしてしまうというのは、よくあることだ。株を買って価格が下がりだしたとき、そこで売って損切りをするのは難しい。賭け事で負けが込んできたときに、損を取り戻そうとして賭けに出てしまう。

逆に、損失回避を使って、人の意欲を引き出すこともできる。成功したら報酬をあげるという約束をする代わりに、最初に報酬をあげて失敗したら返してもらうというものだ。報酬をあげる方にとっては、どちらでも同じだが、損失を強調されると、それを避けたいと思って私たちは努力をする。損失回避とうまく付き合っていきたいものだ。

2　宿題を先延ばしにしないためには？

新年度が始まったり、新年になると、新しい職場や学校で、1年間の目標を立てている人も多いだろう。しかし、その目標をきちんと達成する人は意外に少ない。今年こそ英語を上達するとか、運動を続けるという計画を立てても多くの人は続けられない。このような人は、目標達成を手助けするサービスを求めるかもしれない。「結果にコミットする」で有名なライザップの瀬戸《せと》健《たけし》社長は、そうしたサービスを「三日坊主市場」と呼んでいる。[1]

計画してもそれが実行できないという原因には、様々なものがある。中でも多いのが、先延ばしである。夏休みの宿題をいつ頃やっていたかについて、大阪大学で大規模なアンケート調査をしたことがある。「どちらかといえば終わりの方」という人を含めると、7割以上の人たちが、夏休みの終わりの方に宿題をしていた。そして、多くの人たちは、夏休みが始まる前は、夏休みの最初の方に宿題を済ませようと計画していた。つまり、最初から夏休みの終わりに宿題をしようと思っていてそうしたのではなく、夏休みに入ってから毎日、宿題を先延ばしにした結果なのだ。

そして、夏休みの宿題を最後の方にしていた人たちは、現在、肥満傾向、喫煙習慣、飲酒習慣、ギャンブル習慣がある可能性が高かった。行動経済学では、夏休みの宿題を最後にしていた人たちの特性を「現在バイアス」と呼ぶ。「現在バイアス」とは、遠い将来のことなら我慢強い選択ができるのに、現在にかかわることと将来にかかわることの間での選択だと、現在の利益を強く好んでしまう性質のことだ。「現在バイアス」が強い人は、将来のことを考えた忍耐強い計画を立てることはできるのだけれど、その計画を実行する段階になると、現在のことを重視してしまい、当初立てた計画を先延ばしにしてしまう。

現在バイアスをもっているかどうかを確認するための簡単な質問をしよう。

つぎのどちらを好むだろうか。

「問1　A：今日1万円もらう。
　　　B：1週間後に1万10円もらう」

では、つぎの場合はどうだろうか。

「問2　C：1年後に1万円もらう。
　　　D：1年と一週間後に1万10円をもらう」

多くの人は、問1でA、問2でDを選ぶ。これはとても自然な考えのように思える。しかし、どちらの場合も1週間で0・1%の金利であることに変わりはない。こうした現在と将来で違う選択の組み合わせを選んだ人には、現在バイアスがある。

ただし、多くの人がこのような現在バイアスをもつにもかかわらず、全員がカード破産しているわけではない。自分には現在バイアスがあることを自覚していて、先延ばし行動をできないように予防している人たちがいるからだ。行動経済学では、こうした人たちを「賢明な人」と呼ぶ。賢明な人は、先延ばしできないように将来の行動に制約をつけてしまう。つまり、コミットするのだ。もう一つの方法は、将来の楽しみを現在の楽しみに変換することだ。ダイエットのために毎日散歩をしようという場合、散歩自体に楽しみを見つければいい。

長期的な目標を達成するためには、現在バイアスを十分に自覚して、適切にコミットメント手段を利用したり、将来の楽しみを現在の楽しみに変換するという工夫をすることが大切だ。自分にあったやり方を早く身につけると、人生でそれだけ得をすることになる。

1　瀬戸健、大竹文雄（2017）

3　よい生活のためにも初期設定が重要

あなたは脳死状態になったときに臓器提供をすることに同意しますか。それとも同意しませんか。そのことを健康保険証や免許証に明記して署名していますか。

日本では、臓器提供の意思表示をして署名している人は、2021年の内閣府の世論調査によれば10・2%である。一方で、同じ調査によれば、自分が脳死と判定された場合または自分の心臓が停止し死亡と判断された場合に、臓器提供をしたいという人は39・5%いる。つまり、全体の3割の人は、臓器提供したいとは思っているけれど、意思表示をしていないということになる。

海外ではどうだろうか。2003年の研究によれば、ドイツでは12%、イギリスでは17%、オランダでは28%と日本と同じ水準かやや多い国がある。[1] ところが、オーストリア、ベルギー、フランス、ハンガリー、ポーランド、ポルトガルの各国では、同意の比率が98%を超えていて、ほとんど100%に近い。

どうして臓器提供の意思にこのような国別による差があるのだろうか。誰もが文化的な差が大きいのではと考えるだろう。しかし、文化が重要だとすれば、文化が似ていて隣国であるドイツとオーストリアで、臓器提供の意思に大きな差があることを説明するのは難しい。

実は、ヨーロッパで臓器提供の同意率が高い国と低い国の違いは、デフォルトの設定の違いが原因だとされている。デフォルトとは、選択について明示的な意思表示をしなかったときに採用される選択のことだ。日本では、臓器提供の意思表示をしなければ、臓器提供の意思がない、とみなされる。つまり、臓器提供意思がないことが、日本ではデフォルトとなっているのである。臓器提供意思表示の比率が非常に高いヨーロッパの国では、「臓器提供意思あり」がデフォルトになっていて、署名して初めて、「臓器提供意思なし」とみなされる。

臓器提供を希望しているのに、意思表示をしていない人が多い。つまり、多くの人は、何かをしたいと思っても、ちょっとしたことが面倒なので、そのままにしているのだ。その結果、自分の意思とは違っても、デフォルトと同じ意思決定をしているとみなされてしまう。

オランダでは、2018年2月に、新しい法律が成立し、2020年からデフォルトが「臓器提供の拒否表明がなければ臓器提供の意思がある」というものに変更されている。もし、より多くの日本人が臓器提供してもいい、と思うようになったなら、オランダのようにデフォルトを変更することで、ドナーが増えて、命が救われる人も増えるだろう。

このようにデフォルトは、かなり強力に私たちの行動を変えてしまう。うまく用いれば、私たちの生活をよりよいものにできる。ここで例えば企業年金の加入者を増やして老後の生活を豊かにしたいと、従業員も企業も望んでいる場合を考えてみよう。多くの企業では、企業年金の加入希望者だけが加入する仕組みになっている。デフォルトは「加入しない」だ。これを、「加入する」ことがデフォルトで、脱退を自由にすれば、加入は急増することが海外の研究で知られている。

デフォルトは健康診断の受診、会議への出席確認など様々なことに応用できる。悪用も可能だ。自分が望む答えをデフォルトにしてしまうのだ。デフォルトは強力なだけに、使用法に注意が必要だ。

1 Johnson and Goldstein (2003)

4 「みんながしている」の効果

あなたの会社で、残業を減らす取り組みをしているとしよう。人事の責任者としてあなたは、各職場で残業を減らしてもらうために、残業が多い職場名を公表して、全員に残業を減らす気持ちをもってもらうことにした。いかにも効果がありそうだ。

しかし、このような手法は、行動経済学の研究結果からすると、逆効果だと予想できる。というのも、私たちは、多くの人がどのように行動しているかという社会規範に従って行動する傾向があるからだ。残業が多い職場名を公表すると、残業が多いのが普通で、残業をすることは自分の会社の社会規範だと考えてしまうのだ。

この場合には、残業が短い職場が多くなる指標を探し出して、「残業時間がX時間以下の職場は全体の90%になります。これを達成していない職場は本社では少数派になります」というメッセージを出せば、一定時間以内の残業に抑えることがこの会社での社会規範だ、ということを伝えることになる。

私たちは問題行動をとっている人に警告を発するために、こんな悪いことをしている人がいる、と指摘しがちである。しかし、そういうことを伝えると、問題行動をとっている人たちは、他にも悪いことをしている人がいるのだ、と認識してしまう。それよりも、「ほとんどの人は、規則を守っています」というメッセージの方が効果的だ。

書類の提出やメールの返信の期限に遅れる人も多い。お金の支払いや返済の期限に遅れてしまう人もいる。期限に遅れる方も問題だけれども、多くの場合は、わざとそうしているわけではない。しかし、全員の書類が揃《そろ》わないと仕事が前に進まない担当者にとってはとても困ったことだ。多くの執筆者で一冊の本を作っている編集者にとっては、どうやって原稿を締め切りまでに集めるかは大きな課題である。どういう文面のメールを送れば、締め切りに遅れた執筆者から原稿を出してもらえるだろうか。

似たような問題は国家レベルでも存在する。税金の確定申告はしたけれど、期限内に納税していないという人が非常に多いことがイギリスで問題になっていた。そこで、イギリスの徴税機関では、確定申告をしたが未納税の人約10万人に、納税を督促する手紙のメッセージ文としてどんな文が有効かを調べる実験を行った。[1]最も有効だったものは、「イギリスにおいて10人のうち9人は税金を期限内に支払っています。あなたは今のところまだ納税していないという非常に少数派です」というメッセージだった。きちんと納税することが社会規範であり、多くの人はそれを守っているということを伝えることが有効なのだ。

最近、本を読まない大学生が増えていると大学教員が嘆くことが多い。実際、ある授業で統計を取ってみると、30％の学生は教科書以外に本を読まないという結果が出たそうだ。しかし、「この授業では、30％も本を読まない学生がいる。もっと読みなさい」と言えば、学生たちは本を読まないことが普通だと思うようになってしまう。このような場合、少しでも本を読んでいる学生が70％という多数派なうちに、「本を読む学生がほとんどです」というメッセージを使いたい。

1 Hallsworth, List, Metcalfe and Vlaev（2017）

5 行動経済学で考えるお金の貯め方

貯蓄の理想と現実

お金を貯める目的は様々だ。一番多い目的は、「老後の生活資金」（金融広報中央委員会「家計の金融行動に関する世論調査」２０２１年)。68・5％の人がこの目的のために金融資産をもっている。第2位は、「病気や不時の災害への備え」(50・9％)、第3位は、「こどもの教育資金」(20・9％)である。

ちなみに、１９８５年では第1位が「病気や不時の災害への備え」(77・2％)、第2位が「こどもの教育資金」(43・0％)、第3位が「老後の生活資金」(42・5％)だった。老後の生活費のためにお金を貯めている人たちは、１９８０年代後半になると「こどもの教育資金」を追い越して第2位になり、２０１３年にはそれまで1位だった「病気や不時の災害」を追い抜いて第1位になった。お金の保有目的にも少子高齢化が反映されているのだ。人々は、引退後安心して生活できるように貯金をしている。では、どうすれば老後生活のためのお金を貯めることができるだろう。

標準的な経済学では、所得が高いときの生活水準と、所得が減ったときの生活水準があまり変わらないように、人々は現役時代にお金を貯めると考えられている。まず、生涯の所得パターンを予想して、それを平準化して毎月の消費額を決める。そして、その時々の所得と決めておいた消費額の「差額」を貯蓄する。これが老後になっても生活水準を落とさないという意味では理想的な方法だ。

この考え方は、ライフサイクル仮説と呼ばれている。確かに、賢いお金の貯め方だ。余裕のあるときにお金を貯めて、余裕がないときは貯蓄を取り崩す。お金がないときは無理して貯めなくてよい、というのはありがたいルールだ。

しかし、この理想的な方法には落とし穴がある。それは、余裕のあるときに本当にお金を貯められるのかという問題だ。私たちは、遠い将来の老後のためのお金を貯めることの重要性は知っているし、それを計画することもできる。ところが、所得が増えてお金を貯める余裕があるはずのときに、貯蓄を後回しにしてしまうのも人間だ。

遠い老後のための貯蓄を先延ばしにして、増えた所得を今を楽しむために使いたいという誘惑に負けてしまうのだ。それが続くと、結局、老後のためのお金が貯まらないことになる。

先延ばし行動にも有効なiDeCo、NISA

それは行動経済学で「現在バイアス」と呼ばれている私たちの現在と将来の選択に関する特性が原因だ。

1年後に1万円をもらうのと、1年と1週間後に1万10円もらうのでは、後者を選ぶ人が多い。しかし、今日1万円をもらうのと、1週間後に1万10円もらうのでは、前者を選ぶ人が多い。遠い将来のことなら忍耐強い選択ができるが、今のことならせっかちになる。これが現在バイアスだ。私たちは、老後貯蓄の重要性を理解しているから、将来のために貯蓄しようという意思決定をしている。しかし、今から始めるかと言われると、今日の生活の方が重要だからと先延ばしをする。

２０１９年6月3日に金融審議会の市場ワーキング・グループが発表した「高齢社会における資産形成・管理」という報告書で、「夫65歳以上、妻60歳以上の夫婦のみの無職の世帯では毎月の不足額の平均は約5万円であり、まだ20～30年の人生があるとすれば、不足額の総額は単純計算で１３００万円～２０００万円になる」と記載された。

これが、「老後２０００万円問題」という形で朝日新聞を含めたメディアで大きく批判的に報道されたのだ。多くの人が老後のためにお金を貯める必要はわかっている。しかし、貯められていないことも理解しているから、大きな議論になったと考えられる。

引退時に老後貯蓄が足りないという事態を防ぐには、一見、非合理的だが、所得が多いときも少ないときも一定額の貯蓄を続けることだ。これなら、老後のためのお金が確実に貯められる。

私たちに現在バイアスがなければ、ライフサイクル仮説に従った貯蓄計画を立てるべきだ。なにも苦しいときに無理に貯蓄を続ける必要はない。しかし、私たちに現在バイアスがあることを前提にすれば、将来の自分が誘惑に負けることを予期してルールを設定する方が賢い選択になる。

iDeCo（個人型確定拠出年金）やNISA（少額投資非課税制度）といった積立型で税制優遇措置もついた制度を利用するのは、賢い選択の一つである。

6　人は誰にも偏見がある

誰にでもある偏見

私たちが文章を理解する際、文章に書かれている情報だけで理解しているわけではない。背景となっている様々な既知の情報を知っていて初めて理解できることも多い。逆に、自分の思い込みや偏見が文章の理解を妨げることもある。それを実感してもらうために、つぎの文章を読んでみてほしい。

> 父親と息子が交通事故に遭った。父親は死亡、息子は重症を負い、救急車で病院に搬送された。運び込まれた男の子を見た瞬間、外科医が思わず叫び声を上げた。「手術はできません。この子供は私の息子なのです」[1]

状況がうまく理解できなかった人が多いのではないだろうか。複雑な家庭環境の人なのではないか、と思った人もいるかもしれない。私自身もこの文章を初めて読んだときは、頭が混乱した。

この文章を読んで混乱してしまうのは、外科医と言われただけで男性の外科医を想像してしまうからだ。この文章の場合、外科医が女性なら自然に理解できる。私たちは、無意識のうちに様々な思い込みをしている。ときには、それがかなり重要な意思決定にまで影響を与えてしまう。

オーケストラでの女性差別

このような偏見が重要な意思決定に与える影響については、アメリカのオーケストラの演奏家の採用試験に関する経済学の研究が有名である。[2] オーケストラの演奏家に要求されるのは、より高い技術をもっていることであり、性別は無関係である。オーケストラにとっても聴衆にとっても、優れた演奏家が採用されることが望ましい。演奏技術の評価はプロであれば的確にできる。だとすれば、男女差別の入り込む余地はなく、演奏能力だけで採用が決まっているはずである。

米国の有名オーケストラで新規に採用された団員の女性の割合は、最近では、35％以上になっている。しかし、かつては、米国のオーケストラの新規団員の女性比率はわずか約5％であったという。この女性比率の拡大をもたらした大きな要因は、音楽大学における女性比率が拡大したことではなく、採用試験を演奏者の性別も含めて誰かわからない状態（ブラインド・オーディション）で行うようになったことだと研究者らは採用データから明らかにした。明確な実力差が比較的容易に判断できる職種であっても、候補者の性別がわかる場合には、男性を採用する比率が高かったのだ。

このような無意識の男女差別によって被害を受けているのは、なにも女性演奏家だけではない。これによって良質な音楽を聴くことができない聴衆はもちろん優れた演奏ができないオーケストラもともに損失を被っているのだ。

医学部入試の女性差別

偏見による差別の問題は、2018年に明らかになった医学部の入学試験で女性受験者が不利な扱いを受けていたことにもあてはまる。大学側が、女性受験生に対して不利な扱いをした理由として経済合理性が主張されることがある。女性医師が出産・子育てで労働時間が短くなるため、男性に比べて医師の生産性が低くなるというのだ。訓練費用を企業が負担する場合に、勤続年数が平均的に短いと予測されるグループに対して採用差別をすることは、経済学では統計的差別として知られている。

仕事をしながらの職業訓練（ＯＪＴ）にしても、職場外での職業訓練（ＯｆｆＪＴ）にしても、様々な訓練費用がかかる以上、企業にとっては訓練費用が回収できることが必須である。それには、訓練によって能力が高まることに加えて、その企業により長く勤務してくれることが重要な判断材料になる。しかし、個々の労働者が、どのくらいの期間その企業に勤続しそうかははっきりわからない。一方で、性別や学歴別に平均的な勤続年数がわかっているとすれば、平均的に離職率が低いグループの社員に訓練をより多くすることが「合理的」になる。こうした統計的差別によって、男女間格差が発生しているとすれば、その解決は、訓練費用も労働者に負担させて生産性に見合った賃金を支払うということになるだろう。しかし、訓練の一部は、当該企業でしか活用できない技能であって、その場合の生産性の向上が大きいということであれば、訓練費用の労働者負担も難しい。それが、統計的差別の理由である。

医師の場合も似ているかもしれない。確かに、大学医学部が医学部付属病院や提携先の病院に派遣するための医師の養成機関であるなら、統計的差別の議論が成り立つように見える。そのためには、医師養成費用の一部を、医学生本人や公的資金だけではなく、大学病院や関連病院が負担しているということが必要になる。確かに、関連病院は、医学部教員や若手医師を病院で雇用するといった手法で医学部生の教育訓練費用の一部を実質的に負担していると解釈することもできる。そうすると、企業が統計的差別を女性従業員にすることとなんら変わらないではないか、ということになる。それが、医療関係者の本音だろう。

ただし、それだけでは、議論は終わらない。医師の技能は、特定の系列病院だけで有効な技能ではない。どの病院でも通用する一般的技能である。そうであるなら、医師の訓練費を企業側が負担することはないはずだ。なぜなら、大学付属病院や関連病院が訓練費を負担したとしても、生産性が高まった時点で、医師は当該病院に勤め続けて生産性よりも低い給料をもらい続ける必要はないからである。他の病院では高い生産性が発揮できないのであれば、生産性より低い賃金を支払うという仕組みで、関連病院は訓練費用を回収することができる。ところが、医師の技能は、どの病院であっても通用する一般的技能である。したがって、訓練費用の返却を必要とする関連病院に勤め続けるのではなく、他病院に移って高い給与を得ることが理論的にはできる。つまり、統計的差別で議論されているような訓練費用の回収が目的という議論は、医師の場合なりたちにくいのだ。

一般的訓練であっても、労働市場が不完全で、医師の転職が難しい状況になっているのであれば、企業特殊熟練のケースと同じになる。病院は医師が転職しないことを前提に、訓練費用を負担し、その後回収する。そうであれば、長期勤続が望める医師を採用したい。つまり、医学部入学段階で統計的差別をしたい、ということになる。

ここまで考えてくると、本来一般的技能である医師の場合に、男女間で統計的差別が発生しているのは、医師の転職市場が十分に発達していないことが原因ということになる。女性医師の方が、労働時間が短いから採用したくない、ということであれば、それを反映した賃金になっていれば、病院の収益にはそれほど大きな影響を与えない。

また、女性医師が働きにくい職場になっているのは、女性医師に対する偏見があるためかもしれない。男女別役割分担意識が無意識にあるために、女性医師だけが働きにくくなっている可能性がある。男性も女性も同じような労働環境にすることをまず考えるべきだろう。

さらに、女性医師の方が男性医師よりも優秀だという研究もある。カリフォルニア大学の津川友介《つがわゆうすけ》氏らの調査によれば、内科医の場合、女性医師の方が男性医師よりも担当患者の死亡率が低いということだ[3]。女性医師の方が、治療に関する医学的なガイドラインを守る傾向が高いことが、この理由として考えられている。

無意識には意識的な対策が必要

女性医師がいると生産性が下がるから、医学部の入学段階で、女性を不利にするのは合理的だ、という意見はいかにも説得力があるように見える。しかし、よく考えてみると、このロジックには無理なところが数多くある。女性医師に対する見方は、オーケストラの演奏家の採用試験の際のような偏見に基づいているのかもしれない。かつては、オーケストラの演奏家は男でなければならないという偏見が強かったために、女性比率が低かった。それがブラインド・オーディションに変わって、女性比率が上昇し、オーケストラの演奏レベルの向上につながった。世界各国で、医師の女性比率が低い国は少ない。女性医師比率はOECD（経済協力開発機構）関連国の平均47・3％に比べ、日本は20・3％と半分以下である（2017年）。日本の女性医師だけ生産性が低いということを正当化することは難しい。

無意識の偏見によって引き起こされている問題は、組織的・制度的に意識的な対応をしなければ解決できない。そのためには、データをもとに、合理的に説明できない格差を明確にしていくことが必要だ。医学部の入学試験における女性受験者差別の実態が明らかになったことは、このような偏見による差別を解消していくことにつながるだけではなく、より生産性が高い社会にしていくための第一歩である。

リーダーが男性ばかりだと、リーダーになるのは男性の役割だという無意識のバイアスが私たちに埋め込まれていく可能性がある。リーダーを選ぶ際に、選択の自由さえ確保しておけば、自ら選んで決めているのだから問題ないはずだ、と私たちは考えてきた。しかし、その選択には、自分でも気がつかない思い込みが影響しているかもしれないのだ。思い込みによって最適な選択ができず、その被害を受けるのも私たち自身だ。

どうすれば改善できるだろうか。無意識のバイアスが生じないように環境を変えていくことが重要だ。しかし、男性外科医が大多数だという状況は急には変えられない。

一つの方法は、無意識にバイアスのない選択肢を選べるように環境を変えていくことだ。2022年4月施行の育児・休業法改正もその一つだ。本人または配偶者の妊娠・出産を申し出た労働者に対して、育休制度に関する説明と、育休取得意向確認を個別に行うことが義務付けられた。これは、男性は育休を取らないという無意識のバイアスを緩和する。もっと有効なのは、男性の育休取得を原則にすることだ。つまり、デフォルトと呼ばれる意識しないで選ぶ選択肢にバイアスがないものを設定するのだ。

女性リーダーが少ないことの一つの理由は、女性は競争に参加することを嫌うので、昇進競争にも参加しないというものだ。行動経済学の多くの実験でも、女性は男性よりも競争を好まないとされている。しかし、女性が競争を嫌っているのではなく、無意識のバイアスが原因だという研究がある。[4] 競争を選ぶという設定ではなく、競争することがデフォルトで、競争しないことも選べるように設定すると、女性は男性と同じように競争を選ぶようになるというのだ。少し設定を変えることで、私たちは無意識のバイアスを克服できる。

1　ボネット（2018）

2 Goldin and Rouse（2000）
3 津川友介（2018）
4 He, Kang and Lacetera（2021）

7 悩んだときは変化を選ぶ

重要な決定を占いに頼る？

私たちは、重要な意思決定をする際に、どちらにしたらよいか悩んで様々な人に相談することがある。中には、占い師や占いに頼る人もいるだろう。しかし、会社の経営者が、占いで重要な会社の意思決定を決めていると聞いたら、誰でも馬鹿げた経営者だと思うはずだ。しかし、意外なことに、最高レベルの意思決定で判断に悩む問題は、占いで決めているのと変わらないかと思えることが多い。なぜなら、複数の案があった場合、当然、それぞれの案の良し悪しについて、様々なシミュレーションやデータをもとに、ある程度優れた案が絞られていく。企業でも、担当者が複数の案を検討し、上司に案を上げていく、その段階で、どうみてもA案がB案よりも優れているのであれば、A案を選択することに悩むことはない。

部下が上司に提案する際に、「A案とB案がありますが、＊＊＊という理由でA案の方が優れているので、A案にすべきだと考えます」と説明する。この説明を受けた上司は、部下の説明に納得しない場合は、B案のメリットやA案のデメリットを考えて、B案にすべきだと判断することもある。つまり、なんらかの理由で、どちらかの提案が優れていると判断できるのであれば、意思決定で私たちは悩まない。A案もB案もどちらも同じくらい優れた提案だからこそ、私たちは悩むのである。

裁判で争われる事案も似ている。交通事故の場合に、加害者が被害者に支払う損害賠償金について裁判で揉《も》めることは少ない。警察が事故状況を調べ、その結果によって、損害賠償の程度が過去の事例でほぼ自動的に決まってくるからだ。仮に、裁判で訴えたとしても、裁判所が出す結果が過去の判例から予測できるのであれば、わざわざ裁判費用をかけて裁判所に訴えない。結果的に裁判に訴えるような事案は、勝訴できるかどうかが50％の確率のものになるはずだ。仮に、80％の確率で勝訴できると訴える方が考え、訴えられる方も勝訴できる確率は20％しかないと予想できるのであれば、わざわざ裁判までしないで、その判断を入れて、賠償金を決めて示談で済ますだろう。その結果、裁判で争われるような事案は、どちらが勝訴するか全くわからないものばかりになるのだ。

株価予想もサイコロと同じ？

明日の株価の動きが予想できないとか、株価がランダムに動くという経済学の考え方もこれに似たところがある。これは、株価がデタラメに決まっているという意味では決してない。人々は、現在時点で企業について得られる情報をすべて利用しつくして、株の売買をしているはずだ。そうすると、現在の株価には、企業について現在の段階で得られる情報はすべて織り込まれている。明日の株価は、いま誰にも得られていない情報を反映して明日決定される。明日になって、ある企業に関してよい情報が得られるか、悪い情報が得られるかはどちらも50％の確率であるはずだ。なぜなら、その企業の業績がよくなりそうだということが今日知られていたのであれば、それは今日の株価に既に反映されているからだ。つまり、毎日の株価の変動は、あたかもサイコロを振って決めているように見える。

経営者の意思決定も、株価や裁判所の判決と似ている。経営者まで最終意思決定が持ち込まれるような案件は、様々なことを考えても、どちらにすべきかがわからないようなものだけになっている。A案かB案かどちらの判断がくだされてもおかしくないようなものだけが、本当に経営者が判断すべきものになる。経営者だけが優れた意思決定能力をもっている場合を別にすると、それまでに判断できる事案は、すべて望ましいものはどちらかが決まっているものだけになる。つまり、経営者の意思決定は、結果だけを見るとサイコロを振って決めているのと同じになるはずだ。これは、何も考えずにサイコロを振って意思決定をしているのではない。考えに考えたあげく、どちらも同じくらいよい案しか残っていない場合には、その意思決定はサイコロを振っているように見えるということだ。

ということは、私たちが重要なことをしっかり熟考してもなおどちらにするか悩んでいる場合に、最後にサイコロを振って決めたり、占いに基づいて決めたりしたとしてもおかしいとは言えない。よく考えないで意思決定をしているのとは全く異なるからだ。悩むということは、どちらの選択も、同じくらいに優れているからなのだ。

悩み事をコイントスで占ってみたら

熟考に熟考を重ねても、どちらがいいかわからないという場合、最終的な意思決定はサイコロを振ったのと同じになる。しかし、私たちの意思決定に偏りがあるのなら、その偏りを修正するようなアドバイスや占いはサイコロを振るよりも価値があるかもしれない。

行動経済学では、私たちに現状維持バイアスが存在することを明らかにしてきた。現状から変わることを損失と捉えやすいので、合理的に考えると変化した方が望ましい場合でも、変化することそのものを嫌ったり、変化するために必要な手間を過大に考えてしまったりする。そうすると、私たちが悩んだときに下す決断は、現状維持の方にバイアスがかかってしまって、よりよい選択ができていない可能性がある。

悩んだときに、変化を選ぶ方がよりよい選択なのか、ということを大規模な実験で明らかにした研究がある。[1] ベストセラーになった『ヤバい経済学』の著者であるシカゴ大学教授のスティーヴン・レヴィットは、自身が運営する人気サイトで、お悩み相談のコーナーを設けた。そこで、転職するか否か、離婚するか否かといった重大な悩みから、ダイエットをすべきかどうか、といったさほど重要でない問題まで、各自がもっている悩みをサイトの訪問者に教えてもらって実験に参加してもらった。実験参加者は、どのような悩みをもっているかを答える。その後、コンピューターでのコイントス占いをして、「現状を維持する」か「変化する」という50%の答えの占いの結果をもらう。2ヵ月後と6ヵ月後に、どのような意思決定をしたのか、幸福度はどうか、その意思決定が正しかったと思うかどうか、といった質問をしている。

その研究結果がとても興味深い。コイントスということがわかっていたのに、転職や離婚といった重要な意思決定でも占いに従ったという人が50%を超えていた。もちろん、それほど重要でない問題の場合の方が占いの結果に従っていた比率は高いが、重要な問題でも50%よりも高くなっていたのだ。つまり、コイントスの結果に応じて、一定の割合の人は意思決定を変えていたのである。

この人たちについては、自分の意思ではなく、偶然によって現状維持か変化の、どちらを選ぶかを決めたということになる。では、この偶然によって、変化を選んだ人は、現状維持を選んだ人に比べて幸福になっていたのだろうか。もし、人々にバイアスがなく、熟考した後、悩んで運にまかせていたのなら、現状維持を選んだ人と変化を選んだ人の幸福度は変わらないはずだ。分析の結果、占いに従って、変化を選んだ人の方が、現状維持を選んだ人よりも幸福度が高く、よりよい選択だったと判断していることが多かった。

つまり、私たちには、現状維持バイアスがあるので、熟考を重ねたと思っていても、現状維持を選びがちであるということだ。よりよい選択をしたいなら、最後まで悩んだ場合は、変化を選ぶべきだというのが、この研究の結果である。悩んでいる人にアドバイスする際も、現状維持よりも変化をアドバイスしてあげる方が、後から感謝される可能性が高い。人気占い師は、現状維持を勧めるのではなく、変化を勧めるのではないだろうか。その方が「あの占い師の言うことに従ったことは正解だったとか、そのおかげで幸せになった」と思われる確率が高くなると予想されるからだ。

「迷ったら変化を選ぶ」ということにしておけば、幸福度は高くなるかもしれない。

1　Levitt（2021）

8　合理的な選択へと導くナッジ

バイアスとヒューリスティックス

ナッジという言葉をご存じだろうか。「ナッジ（nudge）」はもともと「肘で軽く後押しをする」という意味の英語だ。２０１７年にノーベル経済学賞を受賞したアメリカの行動経済学者リチャード・セイラーは、ナッジを「選択を禁じることも、経済的なインセンティブ（動機付け）を大きく変えることもなく、人々の行動を予測可能な形で変える選択アーキテクチャーのあらゆる要素を意味する」と定義した。[1]

人々は、伝統的な経済学で想定されていたある意味で合理的な意思決定の仕方から、予測可能な形でズレていることが多い。経済学と心理学の融合分野である行動経済学という学問では、そのような合理的意思決定からのズレをバイアスと呼んでいる。行動経済学でよく知られているバイアスとヒューリスティックスを表1にまとめてある。[2] ヒューリスティックスとは、近道による意思決定という意味である。正確に計算したり、情報を集めたりしないで直感的に意思決定することだ。私たちの意思決定に予測可能な形で合理的なものからズレが存在するのであれば、そのようなズレを逆に利用することで、よりよいものに変えることが

確実性効果	確実なものを強く好む効果
損失回避	利得と損失では損失をより大きく評価する
現在バイアス	将来については我慢強い選択ができても現在についてはせっかちな選択をする
社会的選好（利他性・互恵性・不平等回避）	他人の状況も自分の満足度に影響する
サンクコストの誤謬	戻って来ない費用を取り返そうとすること
平均への回帰の誤謬	ランダムに生じていることがらから因果関係を見出そうとすること
意思力	意思決定力が消耗する
選択過剰負荷	選択肢が多すぎると選択しなくなる
情報過剰負荷	情報が多すぎると内容を理解しなくなる
メンタルアカウンティング	お金を心理的な会計項目別に管理する
利用可能性ヒューリスティック	手に入れやすい情報だけを用いて意思決定する
代表性ヒューリスティック	特定の属性だけをもとに意思決定する
アンカリング効果（係留効果）	最初に目にした数字に意思決定が影響される
極端回避性	上中下の選択肢があると両端のものを避ける
社会規範・同調効果	多数派の行動に従う

表1　バイアスとヒューリスティックス

できることになる。この考え方が「ナッジ」と呼ばれるものだ。

行動経済学的手段を用いて、人々の選択の自由を確保しながら、金銭的なインセンティブを用いないで、人々の行動変容を引き起こすことができる。それがナッジである。カフェテリアで果物を目の高さに置いて、果物の摂取を促進することはナッジだ。しかし、健康促進のためにジャンクフードをカフェテリアに置くことを禁止するのはナッジではない。感染症の拡大を防ぐために、マスク着用を義務付け、守らないと罰則を課すのはナッジではない。この二つには、人々の選択の自由が確保されていないからだ。マスク着用をしたイラストが入ったポスターを掲示するのはナッジである。

また、ナッジは、行動経済学的知見を用いることで人々の行動をよりよいものにするように促し誘導するものだ。行動経済学的知見を用いて、人々の行動を自分の私利私欲のために促したり、よりよい行動をさせないようにしたりすることは、ナッジではなくスラッジ(sludge)と呼ばれている。[3] スラッジとはもともと、ヘドロや汚泥を意味する英語である。ネットで買い物をした際に、宣伝メールの送付をすることがあらかじめ設定されていて、その解除が難しい場合は、そのデフォルトはナッジではなくスラッジだ。

ナッジの設計

うまくナッジを設計することができれば、私たち自身の意思決定はよりよいものになる。現在バイアスが理由で仕事を先延ばしする傾向がある人なら、先延ばしすること自体を面倒にするナッジを作ればよい。

どうすれば、よいナッジを設計することができるだろうか。OECDやイギリスの行動洞察チームが、ナッジ設計のプロセスフローを提案している。[4] どれも基本的に同じような構造

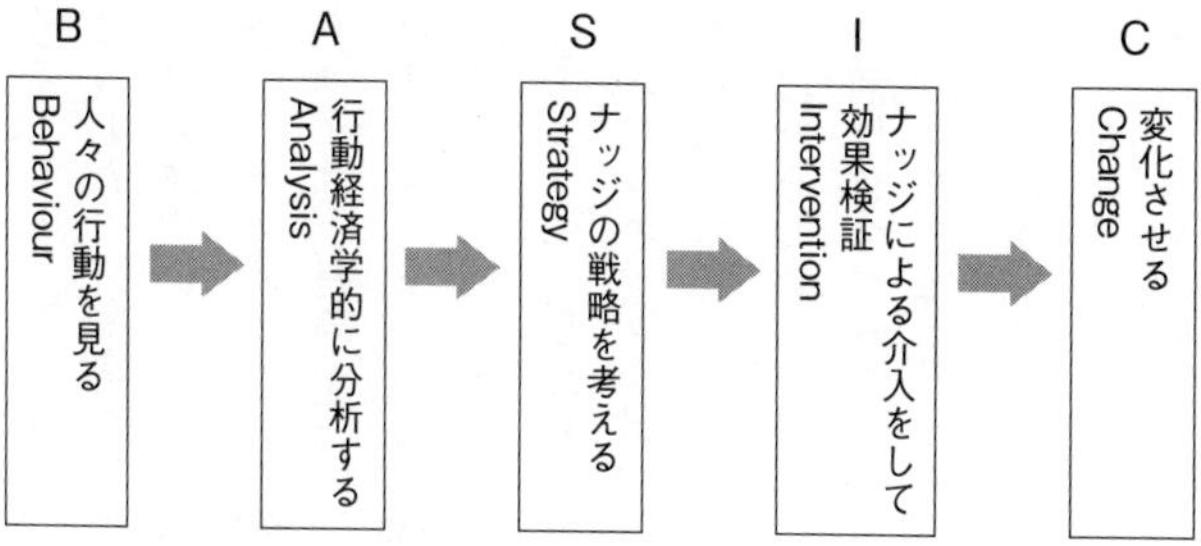

図1　ナッジ設計のプロセスフロー：OECDの「BASIC」

でなりたっている。OECDのBASICという提案（図1）は、人々の行動（Behaviour）を見て、行動経済学的に分析（Analysis）し、ナッジの戦略（Strategy）を立て、実際にナッジによる介入（Intervention）をしてみて効果があれば、変化（Change）させて実装するというものだ。

ナッジを選ぶためには、意思決定のプロセスや状況を分析して、どのような行動経済学的なボトルネックがあるのかを分析する必要がある。例えば、老後のための貯蓄が始められないという人がいた場合、老後貯蓄を始めるための意思決定プロセスを考えてみる。まずは、老後貯蓄の重要性を知ることが必要だ。つぎに、老後の生活を維持するには引退時点でどの程度の貯蓄が必要なのかを計算して、今からいくらずつ貯蓄するかを明らかにする。そして、どのような金融資産で貯蓄していくのかを考えて、実際に契約する。貯蓄の重要性はわかっているけれど、いくら貯蓄したらいいのかわからないのか。いくら貯蓄するというところまでわかっているけれど、金融機関と契約するのを先延ばしにしているのか。どの金融資産にすればいいのかわからないので困っているのか。こうしたことを考えてみるのだ。

自治体や企業から市民や消費者に、封筒でリーフレットを配布して行動を促すことがよくある。その際、なかなかよい反応が得られないという問題があったとしよう。第一のボトルネックは、封筒を開けてリーフレットを読んでもらえないことだ。第二のボトルネックは、リーフレットの内容を読んでも複雑で何をすべきかわからないことだ。第三のボトルネックは、リーフレットを読んで行動しようとしても、先延ばしして、結局忘れてしまうことだ。このように、私たちが行動できないことには、様々なボトルネックがある。

ボトルネックを見つけると、そのボトルネックの特徴に応じて、ナッジの中身は変わってくる。具体的には、つぎのような観点をチェックすべきだ。第一に、本人は、自分がしなければならないことを知っていて、それが達成できないのか、それとも望ましい行動そのものを活性化すべきなのかという点だ。もし、自分が本来すべき行動を知っていて達成できていないのであれば、自制心を高めるようなナッジが必要だ。コミットメントメカニズムや具体的な計画を立てやすくする仕組みの提供である。コミットメントメカニズムとは、前売券のように将来の行動について、今の時点で確定させる機能のことだ。一方、望ましい行動そのものを知らないのであれば、その行動をしないと損失を被ることを強調したメッセージで重要性を認識してもらう。あるいは、理想的な行動を理解していない場合は、デフォルト設定や社会規範メッセージを利用することが考えられる。デフォルトとは、私たちが明示的に意思表示をしていない場合に、選んだとみなされる選択である。通常は何かに申し込まないと、申し込みの意思がないとみなされる。この場合、デフォルトは申し込みの意思がないことである。

第二に、自分自身でナッジを課すだけ十分に動機付けられているかという点である。本人の意欲が高ければ、コミットメントメカニズムを提供することが重要だ。しかし、そうでないならば、政府や組織が設定する外的なナッジが必要だ。

第三に、人は情報を正しく認知することができれば行動を起こせるのか、それとも認知的な負荷が過剰で行動が起こせないのかという点だ。いずれにしても情報の認知に問題がある場合は、情報を理解しやすいように、損失回避や社会規範を用いたり、必要な情報をシンプルにタイミングよく提供するナッジが有効だ。

第四に、引き起こしたい行動と競合的な行動が存在するために目的の行動ができないのか、それとも単に惰性のためにできないのか、ならば競合する行動を抑制すべきか、それとも目標行動を促進すべきなのかといった点だ。もし、達成したい行動を阻害するような誘惑がボトルネックとなっているならば、その行動を抑制するようなナッジを設計する必要がある。

健康のためにはよくない食品を手に届きにくいところに陳列するのは、その例である。

こうしたボトルネックの特徴を明らかにできれば、それを引き起こしている行動経済学的特徴に応じて適切なナッジを選択すればいい。しかし、問題の状況によっては、利用可能なナッジに制約がある場合もある。デフォルトの導入やデフォルトの変更が有効だと考えられる場合であっても、それがそもそも可能な選択肢かどうか、という問題もある。

また、もともと複雑な意思決定を必要とするために、そのような行動がとられていないのであれば、意思決定に関わるプロセスを単純化することができないか、ということも検討すべきだ。さらには、IT技術などの利用によって、個人が意思決定する面倒を減らすことが可能であれば、その利用可能性を検討する必要がある。

どのようなナッジを優先すべきかについては、意思決定の上位にあるボトルネックを解決するようなナッジを選択することが最も重要である。自制心を高めるためのナッジは、もともとそのような行動をとりたいと思っている人だけにしか効果がないので、デフォルト設定型のナッジに比べると効果が得られる人は限られる。

EASTで確認してみよう

イギリスのナッジ設計部門である行動洞察チームは、いくつかのチェックリストを提案している。例えば、EASTというチェックリストは、項目が少ないので、ナッジを設計する人は常に心掛けておくことが望ましい（図2）。EはEasy、すなわち簡単であるということだ。人々が望ましい選択や行動をしないのは、その選択が複雑であったり面倒であったりすることが原因であることが多い。ナッジを用いるのであれば、容易なものになっているかをチェックすることが何より重要だ。政府や自治体がナッジを用いようとして、メッセージを作成する場合、間違いがないように詳細な情報を入れようとしたり、複数のメッセージを入れようとしたりすることがよくある。

しかし、メッセージの受け手にとってみると、情報が多いとそれだけで複雑になり、せっかくのナッジが機能しない。複雑さがサービスの利用を減らしている原因になっていないかは第一にチェックすべきだ。担当者は、当然その業務を熟知しているため、非常に複雑な文章や表現であっても、内容を一瞬で理解できてしまう。しかし、初めてその情報や制度に直面する人にとっては、不要な情報まで提示されることは煩わしいだけだ。コンビニや駅のプラットフォームで、列に並ぶ場所を矢印や足跡で表現しているのが有効なのは簡単だからだ。もし、矢印や足跡でなく、「この場所に並んでください」という掲示をしたとしても誰もその掲示を読まないだろう。

E	Easy	簡単なものになっているか 情報量は多すぎないか 手間がかからないか
A	Attractive	魅力的なものになっているか 人の注目を集めるか 面白いか
S	Social	社会規範を利用しているか 多数派の行動を強調しているか 互恵性に訴えかけているか
T	Timely	意思決定をするベストのタイミングか フィードバックは速いか

図2　ナッジのチェックリスト「EAST」

つぎの、AはAttractive、すなわち魅力的ということだ。人々に注意を促すポスターが文章だけで書かれていたら誰にも読んでもらえない。宣伝のためのポスターが、人々の注意を引きつけるような工夫をしているのは、作成者が人々の特性をよく知っているからである。罰則や金銭的インセンティブを用いないで人々の行動変容を促すためには、ナッジそのものが魅力的なものである必要があるのだ。

三つ目のSはSocial、社会的という意味だ。これは、私たちの社会的選好をうまく利用しているか、というものだ。私たちが、人との比較を気にしたり、人からの恩に報いたり、多数派の行動に従ったり、社会規範に従うといった特性をナッジに使うということだ。例えば、節電を促すナッジとして有効だったのは、周りの人の電力使用量と本人の電力使用量をグラフにして通知することだった。これは、人々の社会規範に従うという特性を利用しているのである。

四つ目のTはTimely、ナッジのタイミングの重要さを表す。望ましくない行動を抑制したいのであれば、望ましくない行動をしそうなタイミングでそれを抑制するようなメッセージを出す必要がある。長期的によりよい行動をとらせたいのであれば、長期的なことを考えることが多いタイミングに合わせてメッセージを出す必要がある。「現在バイアス」のためにやるべきことを先延ばしにしたり、よくないことを続けたりすることを抑制したい場合にはどうすればよいだろうか。食べ過ぎるというようなよくない行動の結果が遅れを伴って現れることが、このような先延ばし行動の原因だ。それなら、抑制すべき行動をしたタイミングでその結果がわかるようなフィードバックができることが望ましい。

ナッジは効くのか

ナッジについては懐疑的な立場が存在する。例えば、2022年7月に学術雑誌『PNAS』に掲載された心理学者のグループによる論文[5]は、「出版バイアスを調整するとナッジングのエビデンスはない」というタイトルだった。これは、出版バイアス、つまりナッジの効果があったものだけが学術雑誌に掲載されており、それによって効果があったように見えていただけで、ナッジ一般には効果がない、という内容だ。ちなみに、2022年1月の同じ『PNAS』誌に掲載されたナッジ研究をレビューした論文[6]では、出版バイアスの可能性はあるが、ナッジに効果があるとされていた。

では、ナッジには効果がないのだろうか。経済学で一流の『Econometrica』誌2022年1月に、学術雑誌に掲載されていない研究まで含めてナッジの効果の大きさを検証した研究が掲載された。[7]この研究は、アメリカの最大の2つのナッジユニット（米国連邦政府の評価科学局、およびBehavioural Insights Teamの米国オフィス）で行われたすべての介入実験と、学術雑誌に掲載された研究を比較している。確かに学術雑誌に掲載された研究では、ナッジによって平均8・7%ポイント参加率を引き上げており効果が大きい。一方、ナッジユニットで実施された研究では、統計的には効果があるが、その大きさは1・4%ポイントの参加率引き上げとなっていて効果は小さい。差が出た理由として、「デフォルトの変更」など選択肢の提示方法についてのナッジは大きな効果をもつこと、また、そのタイプのナッジが学術誌に比較的多く掲載されていることを指摘している。確かに、ナッジユニットで実装された研究の多くは、情報の簡単化、損失や利得の表現、社会規範の利用など、情報提供の仕方についてのナッジを用いたものであった。

もう一つナッジの効果を考える際には、文脈依存と人間の異質性を考慮する必要がある。例えば、新型コロナウイルスのワクチン接種を促すメッセージとして、ワクチン接種が始まった頃には、利他的なメッセージが効果をもつかもしれない。しかし、利他的メッセージを繰り返していると効果は小さくなるだろう。それは、利他的メッセージで行動変容する人がすべてワクチン接種をしてしまったならば、もう利他的メッセージに反応する人は残っていないからだ。そこからさらに接種を促すには、自分の健康のためというメッセージや、ワクチン接種を受けると旅行補助金や食事割引が利用可能だという金銭的インセンティブをつける必要が出てくる。つまり、同じナッジであっても、実施するタイミングや対象によって効果がある場合も、ない場合も生じる。

情報提供型のナッジは、行動変容のボトルネックが、多くの人がその情報を知らなかったためであれば効果があるが、ボトルネックが別にある場合には、情報提供ナッジの効果がないのは当然である。ナッジを社会実装するには、どこにボトルネックがあるかを検証しながら進めていく必要がある。

1　セイラー、サンスティーン（2009）
2　大竹文雄（2019）
3　Thaler（2018）
4　OECD（2018）
5　Maier, Bartoš, Stanley, Shanks, Harris and Wagenmakers（2022）
6　Mertens, Herberz, Hahnel and Brosch（2022）
7　DellaVigna and Linos（2022）

第二章　行動経済学で考える感染対策

1　新型コロナウイルスへの10の手段

世界を襲った感染症

世界で多くの感染者と死者を出している新型コロナウイルス感染症の感染者が、日本国内で初めて確認されたのは2020年1月15日のことだった。その後、2月3日に横浜港に到着したクルーズ船「ダイヤモンド・プリンセス号」では、3711名の乗員・乗客のうち712人が感染し、13人が死亡するという事態があった。2月下旬には、北海道で感染者数の増加が見られ、知事が緊急事態を宣言することになったが、3月中旬には収束した。ここまでの国内での感染拡大は、中国からの移入だと考えられている。しかし、日本での感染拡大は、3月後半からの欧州などからの移入によって本格化した。

そのため、4月7日には7都府県に緊急事態宣言が発出され、4月16日には対象が全国に拡大された。緊急事態宣言では、不要不急の外出を控えること、様々な集客施設・企業などへの休業要請、医療供給体制の整備などが行われた。その後、新規感染者数の減少が見られた地域から緊急事態宣言が順次解除され、5月25日にすべての都道府県で解除された。

新型コロナウイルス感染症に関する国内事例の累積感染者数は、2020年5月末で、約

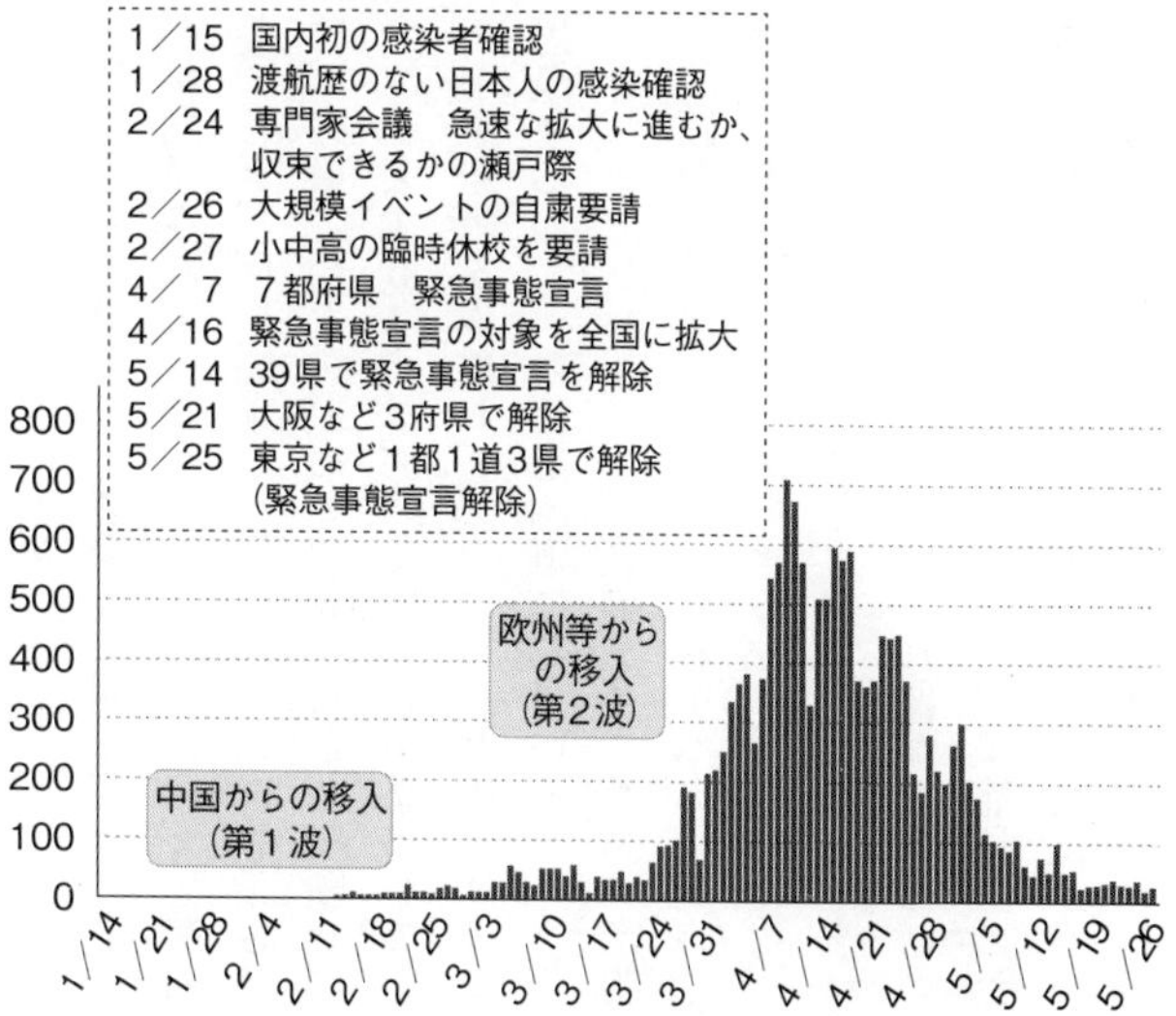

図3　2020年初期の新型コロナウイルスの新規感染者数
出典◎厚生労働省

16500人、死亡者数は約800人となった。多くの感染者と死亡者を出したことは間違いないが、欧米諸国と比べるとかなり少なかった。感染者数や死亡者数が欧米と比べて少なかった理由は、2020年5月29日の専門家会議の提言では、国民皆保険制度による医療へのアクセスのよさ、保健所の整備などによる公衆衛生水準の高さ、クラスター対策が効果的だったことに加えて、「政府等からの行動変容の要請に対する協力の度合いが高かったこと」も挙げられていた。

罰則と補助金を使った対策

新型コロナウイルス感染症に対しては、2020年春の段階では、有効なワクチンや治療薬が開発されていなかった。そのため、感染対策としては、一人一人が感染しないようにすることと、仮に感染した場合でも人に感染させないということだけしかなかった。原理的には、感染した人が、約2週間、誰とも接触せずにいたならば、新型コロナウイルスの感染拡大は収束するはずだ。問題は、誰が感染しているか完全にはわからないこと、わかったとしても感染者を隔離して完全に行動制限をすることが難しいことである。さらには動物からも感染するので、終息を困難にしている。

そこまでしなくても、感染リスクが高い密閉・密集・密接の「三密」の場所の回避や「身体的距離の確保」、「マスクの着用」、「手洗い」といった基本的な感染症対策を行うことで、感染拡大を防ぐことができる。

こうした感染症対策をすべての人が実行すれば、新型コロナウイルスをある程度封じ込めることができる。しかし、これはかなり難しいことだ。違法でない限り、人々は自分の好きなように行動する権利がある。感染症予防のための行動変容は、そのような権利を制限することになる。実際、海外の多くの国では、ロックダウンによって外出禁止令を出して、それを守らない人から罰金を取ったり、罰則を与えたりした。また、飲食店など感染リスクの高い業種には、休業命令を出すかわりに、補償金を支払った。つまり、人々の権利を制限するために、罰金あるいは補助金を用いたのだ。罰金と補助金は、全く逆の政策のように見えるかもしれないが、感染予防という目標を達成する点ではどちらも同じである。異なるのは所得分配である。

感染症の予防行動を促進するために、罰金や補助金を用いることが許されているのはなぜだろうか。それは、私たちが新型コロナウイルスに感染することは、自分の健康を悪化させるだけでなく、自分以外の人に感染させて、その人の健康も悪化させるからである。私たちは、自分の行動のために他人の健康を悪化させたことに対して、その補償をするわけではない。そのため、自分の感染リスクと感染対策をすることのコストだけを考えて、感染対策をするか否かを考える。つまり感染症には、経済学でいう外部性があるのだ。外部性とは、経済活動で直接的な金銭的取引がない相手に影響を与えることである。社会的に考えると、本来なら自分が感染するリスクだけではなく、自分が感染することで人の健康を悪化させてしまうリスクもコストとして考えて、それと感染対策にかかるコストを比べるべきだ。しかしその必要がない、つまり、社会的な迷惑を考えないで済んだ分だけ、私たちは、感染症対策を過少にして社会的には過剰に感染リスクを高めてしまうのだ。

外出をする、三密の場所に行く、マスクをしないといった行為で罰金を支払うというのは、感染対策をしないことのコストを高めることになる。実際、海外では、電車に乗る際にはマスクの着用が義務付けられていたところもあった。つまり、罰金という形で他人の健康悪化コストを顕在化させて、感染リスクの高い行動をとらせないようにするのだ。逆に、感染リスクの高い業種の事業主に休業補償を支払うという方式は、感染リスクの高い行動をとらないことに補助金を与えて、そのような行動を促進する。どちらも同じ目的が達成できる。他人への迷惑を考慮しない人に、それを考慮した行動をとらせるための罰金のことを「ピグー税」と経済学では呼ぶ。ちょうど、二酸化炭素の排出量を抑えるために、化石燃料の使用に課税するのと同じである。社会に迷惑をかけることに課税するということの背景には、社会に迷惑をかける場合は自由に行動する権利は制限されるべきだという価値観を反映している。一方、人に迷惑をかける行動を控えてもらうために支払う補助金のことを「ピグー補助金」と経済学では呼ぶ。この背景には、基本的には人は好きなことをする権利をもっているので、その権利を制限する際には補償金を支払うという価値観を反映している。

緊急事態宣言は、恐らく平常時なら優先される私的権利が、緊急時には制限されることを明確にすることだと考えられる。その考えであれば、緊急事態のもとで感染リスクを高める行動をとることに対して罰則を設けるというのは自然である。一方、平常時であれば、三密業種であっても、感染リスクを高めないので、休業を要請するなら補償金が必要になる。

このような感染リスク対策としての罰金や補助金と、所得再分配政策としての補助金政策は、しばしば混同して理解されている。新型コロナウイルス対策で人々の行動変容の結果、所得が減少するという場合には、一種の所得保険としての再分配政策が必要になる。自然災害が理由でも景気の悪化が理由でも、予期せぬ所得ショックが発生した場合には、人々は貯蓄や保険だけでは対処できない。それに対応するのが、政府の役割である。新型コロナウイルスによるマイナスの影響は、飲食業、旅行業、エンターテイメント産業などの対人サービス産業を中心として発生した。一方で、在宅勤務が容易にできる職業や通信販売などの産業では、影響が小さいか、場合によってはプラスの影響を受けている。そのような職業、産業別に異なるショックを政府が税や補助金を使って平準化するのである。

日本の感染予防政策

海外では、ロックダウンによって強制的に人々の外出を抑えるという感染拡大予防政策をとった。しかし、日本の緊急事態宣言には、そのような強制力はほとんどなかった。あくまで、行動を控えることの協力要請という権限しか行政機関には与えられていなかったのである。罰則がない状態のもとで、多くの人々に感染予防行動をとってもらう必要があった。そこで用いられたのが、市民への情報提供によって行動変容を促すという政策である。

「新型コロナウイルス感染症対策専門家会議」では、2020年2月24日に出した見解で「みなさまにお願いしたいこと」という節を設けて、直接、行動変容の依頼をしている。具体的には、「この1～2週間の動向が、国内で急速に感染が拡大するかどうかの瀬戸際であると考えています。そのため、我々市民がそれぞれできることを実践していかねばなりません。／特に、風邪や発熱などの軽い症状が出た場合には、外出をせず、自宅で療養してください。（中略）また、症状のない人も、それぞれが一日の行動パターンを見直し、対面で人と人との距離が近い接触（互いに手を伸ばしたら届く距離）が、会話などで一定時間以上続き、多くの人々との間で交わされるような環境に行くことをできる限り、回避して下さい。症状がなくても感染している可能性がありますが、心配だからといって、すぐに医療機関を受診しないで下さい。医療従事者や患者に感染を拡大させないよう、また医療機関に過重な負担とならないよう、ご留意ください。／教育機関、企業など事業者の皆様も、感染の急速な拡大を防ぐために大切な役割を担っています。それぞれの活動の特徴を踏まえ、集会や行事の開催方法の変更、移動方法の分散、リモートワーク、オンライン会議などのできうる限りの工夫を講じるなど、協力してください」という呼びかけを行っている。

2020年3月2日の見解でも「全国の若者の皆さんへのお願い」ということで、「10代、20代、30代の皆さん。若者世代は、新型コロナウイルス感染による重症化リスクは低いです。

でも、このウイルスの特徴のせいで、こうした症状の軽い人が、重症化するリスクの高い人に感染を広めてしまう可能性があります。皆さんが、人が集まる風通しが悪い場所を避けるだけで、多くの人々の重症化を食い止め、命を救えます」という利他的メッセージによって、行動変容を呼びかけている。

2020年3月9日の見解では「みなさまにお願いしたいこと」という節で、同様のメッセージを出している。「専門家会議としては、すべての市民のみなさまに、この感染症との闘いに参加して頂きたいと考えています。少しでも感染拡大のリスクを下げられるよう、別添の「新型コロナウイルス感染症のクラスター（集団）発生のリスクが高い日常生活における場面についての考え方」を参考にしていただき、様々な場所や場面に応じた対策を考え、実践していただきたいと考えています。どうかご協力をお願いいたします」

3月19日の状況分析・提言でも「皆さんが、「3つの条件が同時に重なった場所」を避けるだけで、多くの人々の重症化を食い止め、命を救えます」という利他的メッセージが用いられている。また、同じく4月1日の状況分析・提言でも「行動変容の必要性について」という節で、ウイルスの特徴を説明した上で、三密を避けること、手洗いの徹底を呼びかけている。

4月22日の専門家会議の提言では、従来の感染予防対策に加えて、ゴールデンウィークの

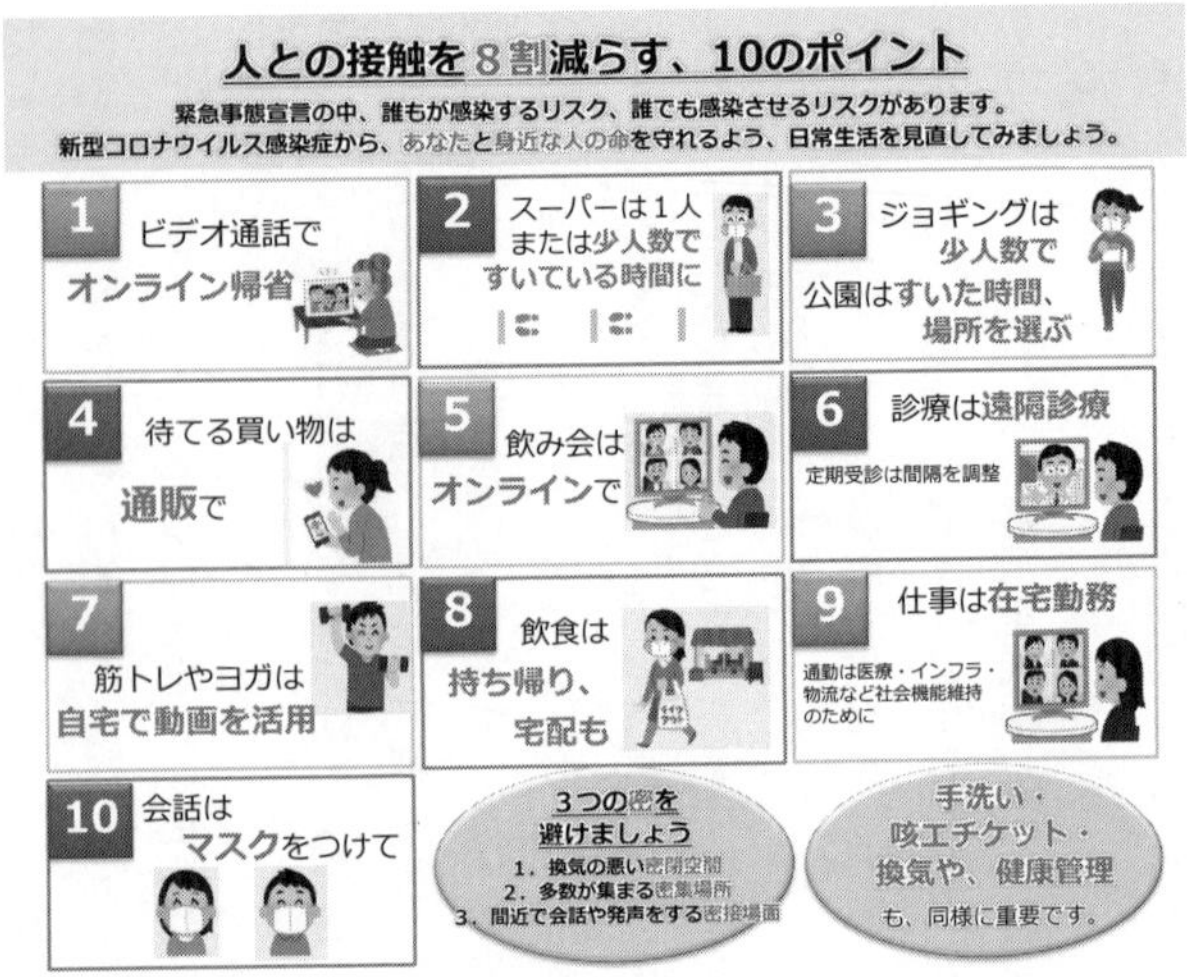
人との接触を８割減らす、10のポイント
緊急事態宣言の中、誰もが感染するリスク、誰でも感染させるリスクがあります。
新型コロナウイルス感染症から、あなたと身近な人の命を守れるよう、日常生活を見直してみましょう。
1 ビデオ通話で オンライン帰省
2 スーパーは１人 または少人数で すいている時間に
3 ジョギングは 少人数で 公園はすいた時間、場所を選ぶ
4 待てる買い物は 通販で
5 飲み会は オンラインで
6 診療は遠隔診療
定期受診は間隔を調整
7 筋トレやヨガは 自宅で動画を活用
8 飲食は 持ち帰り、宅配も
9 仕事は在宅勤務
通勤は医療・インフラ・物流など社会機能維持のために
10 会話は マスクをつけて
3つの密を 避けましょう
1．換気の悪い密閉空間
2．多数が集まる密集場所
3．間近で会話や発声をする密接場面
手洗い・ 咳エチケット・ 換気や、健康管理 も、同様に重要です。

図４　人との接触を８割減らす、10のポイント　出典◎厚生労働省

人々の移動を減らすために、人との接触を8割減らすことが提唱された。「ビデオ通話でオンライン帰省」、「スーパーは1人または少人数ですいている時間に」、「飲み会はオンラインで」、「仕事は在宅勤務」、「会話はマスクをつけて」などの「人との接触を8割減らす、10のポイント」というイラスト付きの資料も公表した（図4）。そうした方向性は続き、5月4日には、「新しい生活様式」という新型コロナウイルス感染症対策を取り入れた生活様式の提案までされている。

ここまで見てきたように、日本の感染症対策は、基本的には人々の行動変容を促すための情報提供と望ましい行動規範の普及という手法をとってきた。その際、

提唱された行動様式を守らないことに対する罰則は基本的にはない。逆に言えば、法的な強制力がないため、専門家会議は、専門家の報告文であるにもかかわらず、市民に直接呼びかける文章を掲載して、行動変容を呼びかけるしか方法がなかったとも言える。

行動経済学的なメッセージ

専門家会議が用いてきたメッセージは、行動経済学的知見に基づいて作られている。まず、注目されるのは新型コロナウイルス感染症に対して行動変容をしてもらう理由として、そうすることで「人の命を守ることができる」という利他的メッセージを用いていることである。感染症予防という意味では、「自分の命を守ることができる」という利己的メッセージの方が効果的なように思えるかもしれない。しかし、今までになされた研究では利他的メッセージの有効性が示されている。

なぜ、利己的メッセージよりも利他的メッセージの方が有効なのであろうか。第一に、多くの人は、ある程度の利他性をもっているので、自分の行動で人の命が助かるということであれば、その行動を喜んでとりたいと思っているが、感染予防をしていなかった人は、その行動が人のためになるということに気がついていないというものだ。子供や高齢者と同居している人は、普段からインフルエンザにかからないように気をつけているので、利他的メッセージを受け取ったからといって、行動は特に変化しないだろう。しかし、利他性はあるけれど、自分の行動が人に迷惑をかける可能性に気がついていなかった人は、利他的メッセージによって行動を変化させる可能性がある。

第二に、本人には利他性がなくても、利他的メッセージで行動変容する可能性がある。利他的メッセージで、周囲の人がこうした行動規範をとらない人を社会規範から外れていると見なすようになることを本人が予想すれば、社会規範から外れた人とみなされることによる損失を考慮して、社会規範に従うようになる。

第三には、利己的メッセージであれば、自分だけは感染しないという自信過剰バイアスあるいは楽観バイアスや、自分は大丈夫という正常性バイアスによって、感染症対策をとらないかもしれないが、利他的メッセージであれば、自分は大丈夫でも、周囲の人はそうでもない、ということになるので、自信過剰バイアスがある人にも行動を変化させる可能性がある。

専門家会議の提言では、あまり用いられなかったが、人々の行動変容を促進するために恐怖メッセージが用いられることがあった。「行動制限をしないと42万人死亡」という試算をもとに、人々の行動変容を迫る手法である。金銭的インセンティブでも罰金と補助金が同じ効果をもつように、情報の伝え方も、「人の命を救う」という利得メッセージと「42万人死亡」という損失メッセージの両方がある。行動経済学では、人々は損失をより大きく嫌うという損失回避があるので、損失メッセージが効果的だと一般的には考えられてきた。しかし、恐怖という損失を用いた表現には問題点も指摘されている。

強い恐怖メッセージは、人々がそれを避けることが自分でコントロールできると感じた場合に限って、行動変容につながるとされている。[1] 逆に、自分ではあまり有効な対策がないもとで恐怖メッセージを受けると、行動を変化させないことになる。もう一つの問題は、楽観性バイアスを引き起こすことである。恐怖を感じても自分だけは大丈夫という楽観性バイアスのために、行動変容につながらないのである。

恐怖メッセージの特性は、恐怖感情によって、人々の関心がより恐怖に関する情報に集中するようになり、より重要な感染確率などの数的情報を無視してしまうようになることである。メディアで感染者数や死亡者数だけを報道すると、感染リスクを過剰に恐れるようになる可能性もある。

また、ネガティブなメッセージは、短期的には大きな効果があることが観察されているが、中・長期的な影響は小さいという研究結果もある。豪雨災害の際に「あなたが避難することは、周囲の人の命を救うことになります」というメッセージと「あなたが避難しないことは、周囲の人の命を危険にさらします」というメッセージでは、後者の方が避難意思をもつ人が多かった。[2] しかし、8ヵ月後に、実際に避難計画を立てていたり、避難準備をしていたりしたのは、前者のメッセージを受け取った人であった。同様のことは、新型コロナウイルス感染症対策の呼びかけメッセージでも観測されている。メッセージの直後では、「三密を避けないと、身近な人の命を危険にさらします」というメッセージは、行動変容の意図を高めるのに効果的だった。しかし、事後的に行動変容をしていたのは「三密を避けることで、身近な人の命を守れます」というメッセージを受け取った人であった。[3]

ネガティブメッセージとポジティブメッセージとでは、短期的に強い効果をもつものか、長期的に教育効果をもちやすいものなのか、という点で異なる可能性がある。しかし、この点については、まだ研究の蓄積が十分にない。

ただし、人々に行動変容を促す上で、行動変容そのものに損失を感じさせないような工夫は必要である。「10のポイント」では、「〜を控えて」という表現を用いないようにしてある。それは、もともとしたかった行為を意識させてしまうことで、人々はそれを比較対象としてしまい、それよりも劣位の行動を推奨されていると感じてしまうからである。それを避けることで、暗黙の比較対象を「何もしない」という最悪のものにして、推奨すべき行動を提示することで、同じ行動をポジティブなものとして意識させるように工夫しているのである。

さらに、重要なことは、意識的に行動変容をしてもらうことは非常に困難だということである。そこで、無意識に行動変容ができるようにすることも重要である。例えば、スーパーのレジで、列に並ぶ位置を足跡で示す、手指消毒のアルコールを目立つ位置に置く、飛沫《ひまつ》防止シートやパネルを設置する、テレワーク、オンライン会議といった対策は、人々が行動変容を意識しなくても感染対策が可能になるというタイプのものである。

こうした取り組みが２０２０年の第1回緊急事態宣言の頃に「新しい生活様式」として提案された。「新しい生活様式」には、一人一人への働きかけも含まれているが、多くは事業者向けのものであり、人との距離の確保、飛沫対策が自然にできるように働く環境や社会の環境を変えることで、新型コロナウイルス感染症対策をするというものだった。

短期的には、普段と異なる行動をするように我慢してやり過ごすことも可能である。しかし、ワクチンや治療薬が開発されるまでの1年から2年という期間を我慢だけで持ちこたえることは難しい。行動経済学的な知識をもとに楽に行動変容ができるように心がけることが感染症対策では必要ではないだろうか。

1　Bavel et al.（2020）
2　大竹文雄、坂田桐子、松尾佑太（2020）
3　Sasaki, Kurokawa and Ohtake（2021）

2　自粛していない人がこんなにいます

36％しか人流が減っていません

新型コロナウイルス感染症対策では、密閉空間、密集場所、密接会話という三密を避ける、不織布のマスクをする、手を洗うということが重要だ。加えて、ワクチン接種の機会があれば、接種するというのも効果的である。それでも、２０２１年7月から8月にかけて感染が拡大したデルタ株の感染力は強く、地域によっては医療提供体制が逼迫《ひっぱく》し、自宅療養者が増加、自宅で亡くなる人も出た。人流を抑制し、感染者数そのものを抑えることの必要性が高まると、政府や自治体から行動制限についての要請が行われた。

新型コロナウイルス感染症対策分科会が２０２１年8月12日に出した「期間限定の緊急事態措置の更なる強化に関する提言」では、「8月26日までの集中的な対策の強化により、昼夜を問わず、東京都の人流を今回の緊急事態措置開始直前の7月前半の約5割にすることを提案」した。

２０２１年8月15日時点のデータでは、約36％の人流減少が観察されていた（２０２１年8月18日厚生労働省新型コロナウイルス感染症対策アドバイザリーボード資料）。目標の50％減少には到達していなかったが、目標を7割達成できていたのも事実である。この結果を「36%しか人流が減っていない。それは、多くの人は感染対策に協力してくれている一方で、一部の人は協力してくれていないからだ」と表現することは事実的には間違いはない。

しかし、「36%しか人流が減っていない」という表現よりも「目標の7割が達成されているので、もう少し頑張りましょう」という表現を使う方が、人々の協力を得やすかったはずだ。36%しか減っていないというのは、50%減少という目標が参照点となった表現で、損失フレームになっている。努力をしてきた多数派の人にとって、その努力の成果を損失で表現されると、行動変容の意欲が削《そ》がれるのではないだろうか。「目標の7割が達成されていることに感謝します。目標達成まであとわずかですから、みんなでがんばりましょう」という表現であれば、努力に対する報酬を得られたように感じたのではないか。報酬が得られる行動を繰り返したくなるのは、私たちの特性である。

私たちは、同じ金額の利得と損失を比べると、利得で得られる喜びより、損失で生じる悲しみの方が2倍以上大きく感じる。これが行動経済学で損失回避と呼ばれる特性だ。したがって、損失をできるだけ避けるように行動するし、損失を強調したことは魅力的に感じない。努力の成果が損失を強調して表現されるとあまりうれしく感じないのだ。

要請に従わない飲食店が増えています

新型コロナウイルス感染症の感染拡大を抑えるために緊急事態宣言が発出されると、酒類を提供する飲食店への休業要請や営業時間短縮が行われる。様々な調査によれば、2020年4月の緊急事態宣言発令時には、90%を超える飲食店が休業要請や営業時間短縮に従っていた。しかし、それを報道する際にメディアは、休業要請に協力していない飲食店やそうした店を利用している人たちを大きく取り上げる傾向があった。例えば、休業要請に従っている人たちが90%で、そうでない人が10%であったとしても、報道する側は、休業要請に従っている店とそうでない店について、同じ程度の分量で報道することが多かった。また、休業要請で困る人やこの要請を守らない人についての紹介が報道では多かった。

取材する立場からすれば、休業している人をわざわざ探し出して自宅まで出向いて取材することは難しい。それに対して、休業要請に従わないで営業をしている店やそれを利用している人は、簡単に見つけられるので取材するのは簡単である。確かに、そのような要請をされても守れない人や困る人も多い。一方で、かなり多くの人がこの危機的な状況を理解して行政からの要請に協力している。

休業要請で困っている人や営業している飲食店を利用する人を報道することの意義はよく理解できる。しかし、感染リスクの高い行動をしている人を批判的に紹介することでさえ、行動経済学的には実は逆効果である。そういう人たちの様子を報道することの危険性は、協力要請に従わないことが社会規範なのだと多くの人に認識させてしまうことにある。その報道を見た人は、協力要請に従っていない人が多いのなら、自分も守らなくてもいいだろう、と思ってしまうのだ。

外出自粛の報道の仕方

２０２０年４月26日の朝日新聞の１面には、ゴールデンウイーク中に新型コロナウイルス感染症の拡大防止のために、ステイホームを呼びかける記事が掲載された。記事の中身は、全国的に共通であったが、その記事の見出しは東京版、大阪版、名古屋版でつぎのように微妙に違っていた。

東京版：「さぁ連休、でも「うちで過ごそう」」
大阪版：「連休中、うちで過ごそう　各地の人出、大幅減」
名古屋版：「さぁ連休、でもまばらな名駅」

この３つの見出しのうち、一番「うちで過ごそう」と思うのは、大阪版ではないだろうか。

「各地の人出、大幅減」という言葉が、多くの人は外に出かけていない、という社会規範メッセージになっているだけではなく、出かけることはあまり魅力的ではない、ということを暗黙のうちに伝えている。それよりも、連休中はうちで過ごすことが楽しい、と思わせる。

一方、東京版は、「さぁ連休」で楽しく出かける連休がやってきた、と説明して、読者に出かけて楽しい連休を連想させる。読者の参照点は、連休中楽しく出かけていることになる。ところが「でも」で、それは無理だから「うちで過ごそう」と呼びかけている。読者の残念な気持ちに寄り添っているとは言える。しかし、読者にとってみたら「楽しい連休を我慢してうちで過ごすのか」となって、うちにいる意欲が削がれてしまう。暗黙のうちに比較対象が「外に出かけるはずの楽しい連休」になって、楽しいはずの連休が失われたという損失を感じてしまうからだ。

名古屋版は、東京版に似ているが、「でも、まばらな名駅」となっているので、みんなが家にいるという社会規範を暗示させて、外に出かけても楽しくないことも意味している。それよりも「うちで過ごす」ことが楽しいと、示している。

似たような見出しだけれども、この見出しを考えた人は、少しずつ異なるメッセージを伝えたかったことがわかる。大阪版の担当者は、新型コロナウイルス感染症対策で人との接触を減らして欲しいと読者に伝えたかった。名古屋版もそうだ。東京版も同じようにみえて、せっかくの連休なのに、うちで過ごすことはつらいだろうけれど、我慢して欲しい、というスタンスだ。

それぞれ一理ある。しかし、新型コロナウイルス感染症対策として人との接触を減らすという行動変容のための見出しとしては、大阪版が一番優れている。ちょっとしたことで、人々の行動は変わることもある。

参照点をよく考える

私たちは、暗黙のうちに比較対象となる状況を想像し、それよりも利得となるのか損失となるのかを考えている。表現を少し変えるだけで、同じことでも利得と感じることにもなるし、損失と考えることにもなる。人に行動を変えてもらいたい場合、まだできていないという損失に注目しがちである。しかし、誰しも損失は嫌うので、損失を伴う表現自体を忘れてしまいたい。しかし、利得で表現されたなら、それをいつまでも覚えておきたいものだ。

感染対策をしていない人がいることを強調すれば、それが少数派ではなく、多数派のように私たちは錯覚してしまう。つまり感染対策をしないことが新たな社会規範になってしまうのだ。感染対策をしている人たちが実際に多数派であれば、その情報を伝える方が、私たちは感染対策を続けたいと思うのだ。社会規範が私たちの行動の参照点になるので、そこからの乖離《かいり》は、損失と感じてしまうためだ。

既に述べたように、企業の中でも、残業を減らしたいなら、残業が多い部門を公表して注意を促すのは逆効果である。残業時間が目標よりも少ないという望ましい取り組みをしている多数派の部門の比率を示し、その目標を守っていないところが少数派であることを強調する方が効果的であろう。何を暗黙の参照点としているかをよく考えて、表現を工夫することを心がけたい。相当意識しないと、暗黙の参照点には気がつかないのだ。

3　ワクチンの接種意向は高い

画期的なmRNAワクチン

新型コロナウイルス感染症が大きな社会問題を引き起こしてきたのは、高齢者が感染すると重症化する可能性が高いからだ。しかも、重症化すると比較的長い間、入院治療が必要になる。その上、コロナ患者を受け入れ可能な病院が限られているため、感染者数のちょっとした増加が、一部の病院に大きな負荷をかけることになる。

新型コロナウイルス感染症の問題を大きく解決してくれたのが、ワクチンである。202

1年2月から日本で接種が始まったワクチンは、メッセンジャーRNAワクチン（mRNAワクチン）と呼ばれているものだ。従来のワクチンだと開発に長期間かかっていたが、全く新しい手法で開発されるmRNAワクチンは、ウイルス情報が明らかになってから1年以内に実用化された。少なくともデルタ株までは感染予防効果・発症予防効果も非常に高かった。オミクロン株については、感染予防効果は小さくなったが、重症化予防効果は残っていた。本当に画期的なことだ。生物学、医学の基礎研究の蓄積が、コロナ・ワクチンという形で、このタイミングで実を結んだのだ。

ワクチン接種者率はどの程度に？

このように優れた特性をもつ新型コロナ・ワクチンであるが、ワクチン接種者が多くならないと、新型コロナを克服することは難しい。特に、感染する可能性が高い医療従事者と感染によって重症化しやすい高齢者の接種が重要だった。そのため、ワクチンは、２０２１年2月17日から接種が行われていた医療従事者のつぎには65歳以上の高齢者に4月12日から接種されることになっていた。

日本の高齢者は、どの程度の割合でワクチンを接種することになるか、どうすれば、ワクチン接種者を増やすことができるのかが、接種開始前には重要な問題だった。私は同僚の佐々木周作《ささきしゅうさく》さん、国立感染症研究所の齋藤智也《さいとうともや》さんと共同で、ワクチンの接種意欲の強さを計測するためにインターネット調査を2021年1月に行った[2]。

この調査では、現実の接種計画のように、ワクチンが無料で提供された場合に接種するかどうかを質問した。その上で、接種する場合は有料になったとしたらいくらまでなら支払うか、接種しない場合は補助金を貰《もら》えるとしたらいくら貰えれば接種するかを質問した。これは経済学で支払意思額と呼ばれている指標である。支払意思額は、接種意欲を金銭で評価したものと言える。さらに、新規感染者数が減少傾向か増加傾向か、同じ年代の人の接種率が高いか低いかという状況別にも、接種意向と接種意欲を質問した。

多くの人がワクチンを接種した場合に、より多くの人が接種したいと思うのか、それとも接種意欲が低下するのかは、理論的にははっきりしない。人々がワクチンの信頼性にある程度の疑問をもっている場合には、周囲の人が接種することでその信頼性が高まるかもしれない。あるいは、単に、人々は多数派の行動に従うという特性をもっているのかもしれない。この場合には、接種率が高まるとワクチンの接種意欲も高まると考えられる。一方で、他の人々が接種すれば新型コロナウイルス感染症に感染しにくくなると考える人が多ければ、わざわざ自分が副反応のリスクを負ってまで接種する必要がないと考える人もいるだろう。経済学者がフリーライド（ただ乗り）と呼ぶ現象である。この場合には、接種率が高まれば、接種意欲は低下することになる。

私たちの調査の結果は以下のようになった。まず、10人中7人〜8人の高齢回答者は、ワクチンが無料提供される場合には、状況によらず接種する意向をもっていた。そして、重篤なワクチンの副反応の可能性が10％以上という実際のデータよりも遥《はる》かに高い確率で生じると思っている高齢者だけを考慮した場合でも約70％の人は接種すると答えており、多数派は接種意向をもっているという結論は変わらなかった。つまり、多くの高齢者は、副反応の可能性があったとしても、新型コロナ・ワクチンの接種はしたいと思っていたのだ。

つぎに、支払意思額で示される接種意欲は、感染状況や接種の進捗状況の情報を与えていないケースだと、平均で２０２６円を支払ってでも、ワクチンを接種したいと答えていた。

接種意向は情報に影響される

新規感染者数の変化や同年代の接種率の情報が与えられると、接種意向や接種意欲が変化していた。新規感染者数が減少傾向で、同年代の接種がまだ進んでいない状況では、接種する意向はベースラインと比べて、76％から71％に少し低下するだけだが、支払意思額で示される接種意欲の平均値は２０２６円からマイナス３９０円に大きく低下していた。

逆に、新規感染者数が増加している状況で同世代の接種が進んでいる状況では、接種意向はベースラインと比べて、76％から81％に少し高まり、接種意欲の平均値は２０２６円から４００２円に大きく上昇した。

つまり、私たちは、多くの人がワクチンを接種していると自分も接種したいと思う傾向があるのだ。行動経済学では、私たちは社会規範に影響されると考えられているが、その予測と一致する。

調査では、「ワクチン接種は、あなたを発症や重症化から守ります」という自分の健康に効果があるという利己的メッセージと「あなたのワクチン接種は、病床数に余裕をもたらし、人の命を救うことにつながります」という利他的メッセージの効果も検証した。実は、これらのメッセージは、接種意向にも接種意欲にも統計的にはほとんど影響を与えなかった。

したがって、新型コロナ・ワクチンの接種率を高めるためには、ワクチン接種している人の数が多いことや接種希望者が多いということを知らせることが効果的だ。その際、伝え方にも工夫が必要である。接種希望者が70％だという調査結果を、「30％の人は接種を希望していない」と表現すると、接種意欲は低下すると考えられる。それは、私たちは、利得よりも損失に大きく反応するためである。同じことでも、損失を強調されると、それを避けたいと私たちは思う傾向があることを行動経済学の多くの実験結果は示している。ワクチン接種率を高めたいということであれば、接種の進捗状況や接種希望者の比率をプラスの表現で伝えていくことを心がけたい。

また、この研究結果を使えば、「周囲の人が接種していると、ワクチン接種意向は高まります。あなたのワクチン接種は、周囲の人の接種を後押しします」というメッセージも効果的だと考えられる。こういうメッセージを見ると、接種を迷っていた人が、周囲の人の健康のためになるのなら接種しようか、という気持ちをもつようになるのではないだろうか。そこで、私たちはこの点を確かめるために、２０２１年３月に調査を実施して、このメッセージの効果検証を行った。[2] 予想通り、このメッセージは他のメッセージよりも高齢者のワクチン接種意欲を高めた。ただし、若年層の接種意欲を高めることにはならなかった。その後、実際に接種が始まり、接種率が高まると2回接種までは若年者の接種率が高まっていったのは、周囲の人が接種を受けて安心したということに加えて、多数派が接種すると社会規範に影響されるという影響があったのだろう。ちょっとした工夫をしていくことで、新型コロナウイルス感染症の克服につながる。

1　佐々木周作、齋藤智也、大竹文雄（2021）

2　Sasaki, Saito and Ohtake（2022）

4　社会を縛る思い込み

自分はそうは思っていないけれど

自分はそんなこと思っていないけれど、周囲の人はこうすべきだと思っているのではないか、と誰もが思っていることがある。その結果、周囲の人がすべきだと予想する行動をみんながとるので、周囲の人の考え方についての予想は当たることになる。なるほど、予想通り、周囲の人はこのように考えていたのだ、と自分の予想は確信に変わる。このようにして誰もが望んでいない行動が、みんなが望んでいるという予言の自己成就という形で継続されていく。

実際の人々の行動にも、自分自身で望ましいとは思っていないのに、周囲の人がそうすべきと思っているだろうと思いこんでしていることがある。他人の気持ちを各々が予測し合うことで、人々は自ら望んで特定の行動をしているのだ。

これは、経済学者のジョン・メイナード・ケインズ（１８８３―１９４６）が株式市場で株価が会社の収益力を反映しないものになることを説明するのに用いた美人投票の例えと同じである。美人投票というのは、１００枚の写真の中から最も美人だと思う人に投票してもらい、最も投票が多かった人に投票した人たちに賞品を与える新聞投票のことだ。この場合、投票は、自分が美人だと思う人に投票するのではなく、他の人が最も美人だと思っていそうな人に投票することになる。その結果、実際には、誰も美人だと思っていない人が票を集める可能性もあるのだ。

同じことは、株式市場でも発生する可能性がある。投資家は、これから業績が上がりそうだと思う会社の株を購入するのではなく、他の投資家がこれからの業績向上を予想している会社を予想して、その株を買うのだ。その結果、誰も業績が上がるとは自分では思っていない会社の株が値上がりする可能性がある。この場合も、実際に株価が上がったのだから、やはり自分の周囲の人の予想についての予想は正しかったと誰もが間違って理解するので、この状況が続いてしまう。

女性の活躍と社会規範

全く意味がないどころか、社会的にも問題だとされているような社会規範が存続するのも同じように解釈できる。これは社会心理学で多元的無知と呼ばれていることである。ある集団の中で誰も信じていないけれど、誰もが「誰もが信じている」と信じている状態である。これについては、正しい情報を提供することで、望ましくない社会規範を解消することができる。実際、サウジアラビアでの女性雇用率の低さが、このような誰も信じていないことを誰もが信じていると誤解している状況からもたらされていることを実証的に明らかにした研究がある。[1]

2017年におけるサウジアラビアの15歳以上の女性の雇用率は15％であったが、誰でも目にすることができる家庭外で雇用されている女性の比率は2018年で4％と非常に低かった。サウジアラビアでは、妻の労働供給の最終決定をするのは夫である。サウジアラビアの男性は、女性は外で働くことを許されるべきだ、と個人的には考えているかもしれない。しかし、多くの男性は逆の意見をもっていると間違って信じているので、自分が妻に外で働くことを許可することで自分や妻が社会的な制裁を受けることを避けるために、自分の妻が外で働くことを許可しないという可能性がある。

そこで、研究者たちは、夫が他の男性の意見を正しく認識しているのかどうかを調べ、もし認識が間違っていたら、それを修正することで、より多くの女性が外で働くようになるのかどうかを大規模な実験で検証した。

リヤドに住んでいる18歳から35歳の既婚男性500人に実験に参加してもらった。参加者は近隣に住んでいる人たちで30人ごとに実験セッションに組み入れられた。参加者はおよそ半数が知り合いだと報告している。実験では、すべての参加者に、「自分の意見としては、女性は家庭の外で働くことを許可されるべきだ」に同意するか否かを質問している。同時に、この意見に賛成するのは自分以外の29人のうち何人だと予想するかを質問している。その際、参加者のうち正解に最も近い値を答えた人には20ドルのアマゾンギフトカードが当たるとされていた。

1セッションの30人の参加者は、ランダムに二つのグループに分けられる。一つのグループには、別の実験セッションでの女性が外で働くことが許されるべきという意見をもった人の比率を見せる。もう一つのグループにはその情報を見せない。

その後、サウジアラビアの女性向けの職探しのオンラインプラットフォームを紹介し、男性の妻がそのサービスに参加できる機会を提供した。女性が働くことに関して、周囲の人がどの程度寛容であるかという正しい情報を得たことで、実際に妻の労働についての行動が変わったかどうかを調べたのだ。

認識ギャップはあったのか

「女性は家庭の外で働くことを許可されるべきだ」という考えをもっていたのは、全体の87%の男性だった。しかし、周囲の人でこの意見に賛成の人がどの程度いると思うかという質問への回答の平均値は63%だった。87%よりも低めに予想した人の割合は全体の72%もいたのだ。つまり、既婚男性は平均で24%ポイント、女性が外で働くことについて同意している人の比率を過小に予想していたのだ。

では、この情報を得たことで、男性の行動は変わっただろうか。女性の職業紹介のオンラインプラットフォームに登録した比率に違いが生じた。女性就労に関する男性の信念についての正しい情報提供を受けたグループは、32%が登録し、情報提供を受けなかったグループは23%しか登録しなかった。つまり、情報提供によって、9%ポイントも登録率が上昇した。3ヵ月から5ヵ月後の追跡調査によれば、実験参加者の妻が仕事に応募した比率も採用面接を受けた比率も情報提供を受けたグループの方が高かったのだ。また、妻が自動車の運転講習を受けている比率も情報提供を受けたグループで高くなっていた。

約9割の男性が、女性は外で働くことを許されるべきだと考えているのなら、自分の妻が外で働いたとしても大丈夫だと考える人が出てきても不思議ではない。正しい情報を伝えることで、思い込みによる影響を小さくすることができるのだ。

女性自身にもある思い込み

研究者たちは、オンライン調査で、女性を対象にした実験も行っている。調査会社の調査員の仕事に関心をもった291人に仕事について2つの条件を電話で提示し、どちらを選ぶかを質問した。

・事前に合意した１日２００サウジリアルの報酬で、在宅で仕事をすること。

・同じ調査票を使うが、ショッピングモールで対面インタビューを行う。この場合、給与は20％増の１日２４０サウジリアル、さらに交通費も会社負担となります。

この質問をする前に、２９１人をランダムに半分に分けて、つぎのような情報提供をしている。

（コントロール群）

まず、私たちの会社が、サウジアラビアの労働力として女性の参加を促す「ビジョン２０３０」を支持していることをお伝えしたいと思います。

（情報提供群）

まず、私たちの会社はサウジアラビアの労働力として女性の参加を促す「ビジョン２０３０」を支持していることをお伝えしたいと思います。今回は、皆さんが興味をもたれるかもしれない最近の調査についての情報をお伝えしたいと思います。18歳から35歳のサウジアラビアの既婚男性約1500人を対象にした最近の調査では、「私の意見では、女性は家庭外で働くことを許可されるべきだ」という意見に82％が同意しています。つまり、若い既婚サウジアラビア人男性の大多数は、女性が外で働くことを支持しているのです。

家庭外で働く方を選んだ比率は、情報提供群で33・3％であったがコントロール群では18・1％だった。家庭外で働く仕事に実際に来たのは、情報提供群で26・5％、コントロール群で15・3％だった。つまり、人々の信念に対する正しい情報を得たことで、家庭外で働くことを選ぶ女性が増えたのだ。

この場でマスクは必要？

厚生労働省の新型コロナウイルス感染症対策推進本部は2022年の5月20日、マスク着用の考え方および就学前児の取り扱いについて明確な基準を示した。その後、5月23日に、日本政府の基本的対処方針にもそれを反映した。具体的には、2メートル以上を目安に、周りの人との距離が確保できる場面では、屋内で会話をする場合を除いて「着用の必要はない」とした。

しかし、この発表があってからも、少なくとも約4ヵ月間は屋外でのマスク着用率は下がらなかった。この時期は、気温が高まり、屋外でマスクを着け続けると熱中症のリスクが高くなった。人との距離が2メートル以上確保されていたならば、感染リスクが非常に低いことは多くの人が理解していたはずだ。しかし、ほとんどの人が屋外でもマスクをしている状況は、屋外であってもマスクをはずすことは新型コロナウイルスの感染対策に熱心ではない社会規範から外れた人だとみなされると人々が考えていたからではないか。

屋外で2メートル以上の距離があれば、マスクをする必要はないと自分では考えていても、人はそうは思っていなくて、屋外であってもマスクを着けるべきだと思っているのではないか、という信念が社会規範を形成している可能性がある。実際に、ほとんどの人がマスクを着用しているという目に見える行動から推測すれば、そのような信念を人々がもっていると推測することは合理的になる。

問題が複雑なのは、マスクをすることは感染対策に加えて、顔がわからないので匿名性を担保できるとか、表情を悟られないという個人的メリットが存在することである。しかし、相手がマスクをしていると、コミュニケーションが難しくなる。個人的なメリットを重視することで、社会全体としてコミュニケーションの質や量が低下し、私たちの社会的な交流が減るだけでなく、生産性が低下する可能性がある。感染対策としてのマスクには、自分の感染を防ぐと同時に人に感染させることを抑制するという外部性がある。同様に、マスク着用には、周囲に自分の表情を読み取らせないことでプライバシーを確保できるという個人的利得と同時に、周囲の人にコミュニケーションをとりにくくさせるという負の外部性が存在するのだ。子供たちの教育においても、人の感情を読み取ることが難しくなり、コミュニケーション能力や、外交性が低下する可能性があるかもしれない。

屋内だけでなく屋外でも常時マスクを着用することが、周囲の人のマスク着用に対する間違った予想によって強く形成されてしまい、私たちの人との交流が減ってしまうのであれば、その信念についての修正を社会的にしていくことも必要になる。

1　Bursztyn, González and Yanagizawa-Drott（2020）

5　古くて新しい生活様式

毎年、京都に本格的な夏がやってきたことを知らせてくれるのは、祇園祭《ぎおんまつり》だ。しかし、2020年は山鉾《やまほこ》巡行が中止になっただけではなく、山鉾を建てることさえできないことになった。祇園祭の由来は、疫病退散祈念だとされている。いくら祈念したところで、祭で多くの人が遠くから集まり、三密状態になることは、新型コロナウイルス感染症の拡大リスクを高めてしまう。夏の風物詩が見られないのはとても残念だが仕方がなかっただろう。

祇園祭の山鉾巡行がなくなっても京都の夏が蒸し暑いことは変わらない。昔から、京都の人々は夏の暑さをしのぐ方法を考えてきた。兼好法師《けんこうほうし》も『徒然草《つれづれぐさ》』で「家のつくりやうは夏をむねとすべし。冬はいかなる所にも住まる。暑き頃わろき住居は堪《た》へがたきことなり」と述べている。

江戸時代から作られるようになった京町家には通り庭と呼ばれる風通しをよくする工夫がなされている。通り庭があるので、天井も高く、どの部屋にも光や風が奥まで入り込む。ただし、その分、冬は寒い。夏に合わせて家を作れと言っている兼好法師も「天井の高きは、冬寒く、燈《ともしび》くらし」と嘆いているとおりだ。

兼好法師が嘆いた高い天井といえば、ヨーロッパの鉄道の古い駅だ。当然、蒸気機関車の煙対策でそのように設計されたものだ。現代の鉄道では全く不要な高い天井も当時は合理性があった。

少し前に建てられた日本の学校の校舎はどれも天井が高い。実は、2005年までは、日本の小・中・高校の学校の天井の高さは3メートル以上が必要と建築基準法で定められていたのだ。これには、明治時代、石炭ストーブの空気汚染対策のために1882年に建築基準が定められたのが背景にあるそうだ。天井が高いと建築費も高くなるが、それでも高い天井を学校に義務付けたのは、合理的理由があったのだ。

しかし、学校で石炭ストーブが使われなくなってずいぶんたった。むしろ、学校でエアコンが整備されるようになると、高い天井は冷暖房の効率を悪化させる上に、建築コストも高めてしまう。そこで、2005年に建築基準法が改正され、学校の天井は2・1メートル以上あればよいことに規制が緩和された。暖房方法が変わってから、建物の規制が変わるまでずいぶんと時間がかかった。

ところが、コロナ後の世界では三密を避けることが重要だ。2005年以前の学校の建物は、換気がよいので感染対策として望ましい。最近の建築は密閉して冷暖房効率を上げたうえでの強制換気という方向だったが、今後は新型コロナウイルスのような感染症に強い建物が重視されていく可能性がある。

将来、新型コロナウイルスが当たり前になった時代に、2020年以前の日本の建物はどうして天井が低くて、換気が悪かったのか、不思議に思う人が出てくるだろう。古い生活様式だと思われていた京町家も新しい生活様式に意外に適しているのかもしれない。京都の暮らし方には疫病対策の痕跡が数多く残されている。

6　床に描いた矢印の効能

新型コロナウイルスの感染対策の基本は、手洗い、マスク、三密回避である。感染の流行の経験から、私たちはこうした対策を徹底すれば、感染拡大をかなり抑え込めることがわかってきた。

感染対策を普及させるには、まずは正しい知識を伝えることが必要だ。この点については、２０２０年３月から新型コロナウイルス専門家会議は、継続的に情報発信をしていたし、政府やメディアも伝えていた。ほとんどの日本人は、手洗い、マスク、三密回避の重要性を知っているはずだ。

しかし、そうした知識を実際の行動に移せるかどうかが問題だ。行動を変えるには、知っているだけではだめで、モチベーションが重要だ。どのようなメッセージを用いて、感染対策を呼びかけることが効果的だろうか。「あなたの命を守るために」というメッセージをよく見かける。しかし、私たちの研究グループの結果だと、このメッセージで予防行動をとりたいと思う人は増えなかった。[1] 効果があったのは「身近な人の命を守るために」というメッセージの方だった。

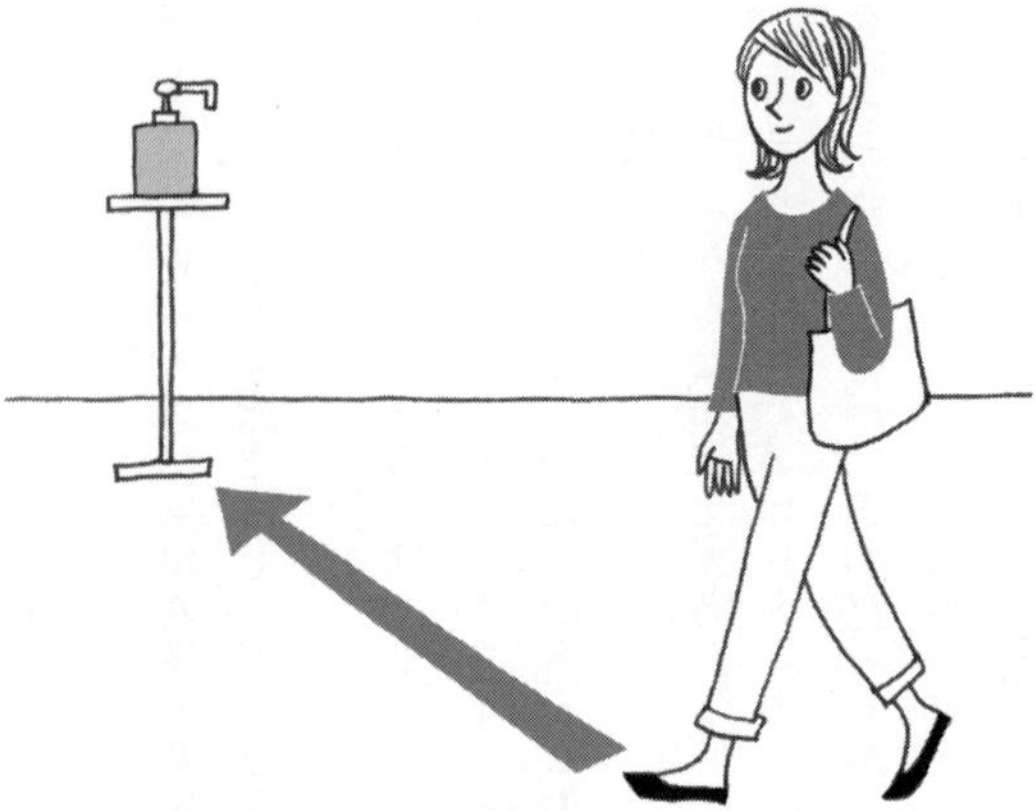

自分の命を守るため、と言われても、「自分は大丈夫」と思っている人には効果がない。一方、身近な人の命を守るため、と言われると、自分は大丈夫と思っている人にも効果的だからだろう。しかも、利他的なメッセージは、社会規範を形成するのにも効果的だ。手洗いを義務付けたところで、全員を監視して違反者を摘発することはできない。私たちの習慣にしていくことが重要だ。

感染予防対策を知っていて、それを実践するモチベーションが高かったとしても、私たちはつい忘れてしまうものだ。疲れているとき、他のことを考えているとき、お酒に酔ってしまったときには、感染対策をつい怠ってしまう。実際、そういう状況で、感染が発生しやすかった。

そのためには、無意識に感染予防ができるような仕組みを整えることが有効だ。レストランでアクリル板をテーブルに設置するのも、スーパーやコンビニのレジの前に、間隔をあけて足跡のマークをつける、というのもその例だ。

手指消毒については、アルコール消毒液の設置場所に向けて、ガムテープで床に矢印を描くことが効果的である。宇治《うじ》市役所職員の柴田浩久《しばたひろひさ》さんが、市役所で実践して、矢印の効果検証をされた。柴田さんは、犬の糞害《ふんがい》対策に、黄色のチョークで放置糞の周囲に丸を描くことの有効性を示した人だ。彼はこの実践で、環境省のベストナッジ賞を受賞した。

矢印の効能については、私自身も京都駅北側の東塩小路《ひがししおこうじ》公園で実験したことがある。[2] この公園では、喫煙所以外での喫煙が多い。喫煙所以外での喫煙が条例違反だという看板を数多く設置してみたが、全く効果はなかった。しかし、公園の地面に喫煙所までの矢印を描いてみたところ、喫煙所で喫煙する人の比率が顕著に上がった。私たちの行動は、矢印一つで大きく違ってくる。感染予防のためのちょっとした工夫をみんなで発案し、広めていきたいものだ。

1　Sasaki, Kurokawa and Ohtake (2021)
2　島田貴仁、本山友衣、大竹文雄 (2019)

第三章　感染対策と経済活動の両立

1　ワクチン接種が行き渡った後の社会

緊急事態宣言の解除基準

新型コロナウイルス感染症の4回目の緊急事態宣言の発令期間中だった2021年9月8日に開催された新型コロナウイルス感染症対策分科会で「緊急事態宣言解除の考え方」が発表された。これは、緊急事態宣言の発出や解除がこれ以前においては感染状況と医療提供体制の負荷の両面を考慮していたものを、今後は医療提供体制の逼迫度をより重視していくことを示したものだ。その背景には、高齢者のワクチン接種が進み、感染者の中心が若年層になってきたため、感染者の多くが軽症者や無症状者になってきたことを反映していた。また、有効な治療薬が普及し始めたことも感染者数よりも医療提供体制の逼迫度を重視するようになったことの理由であった。

日本でのコロナワクチン接種の開始は、アメリカやヨーロッパ諸国と比べると遅かった。しかし、高齢者への接種が開始された2021年5月以降、職域集団接種も加わり、ワクチン接種率は早いペースで上昇した。2021年9月8日時点で、一回以上接種した人の割合は61・9％、2回接種完了者は49・8％に達していた。さらに、65歳以上の高齢者に限って

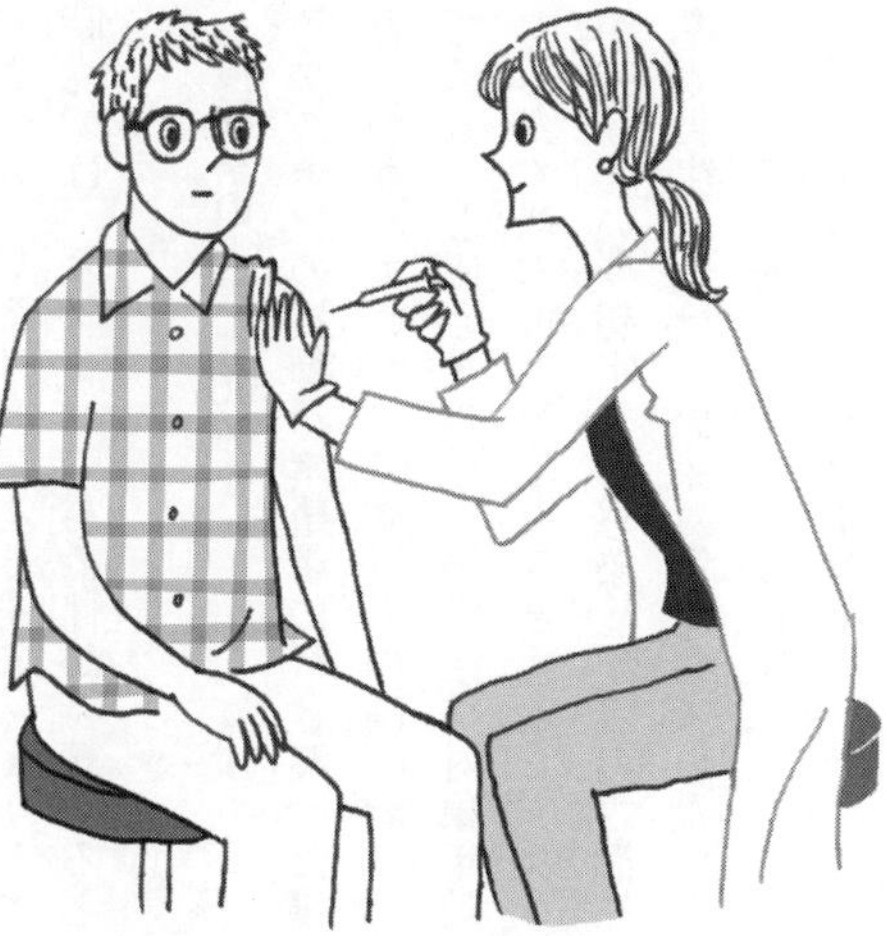

みると、2回以上接種した人の比率は87・8％と約9割になっていた。
　2021年7月半ばから感染力が強いデルタ株が主流になったため感染者数が大きく増加したが、ワクチン接種率の上昇効果もあって8月末から感染者数が減少していた。この間の感染拡大は、高齢層で2回目のワクチン接種が進んだため、それまでの感染拡大と異なり、中年層や若年層での感染拡大だった。この年齢層でもワクチン接種は進んでいたが、デルタ株の感染力がそれを上回ったために、未接種者の間での感染が拡大したのである。中年層における重症化率は、高齢層よりも低いが、感染者数が大きく増加したために、重症者の絶対数も増え、首都圏を中心に医療提供体制が逼迫したのが8月の状況だった。9

月になって新規感染者数の減少が続いていた。2021年夏の感染拡大が落ち着き、希望者にワクチン接種が行き渡った後、新型コロナウイルスの感染はどのようになると予測されていたのか、緊急事態宣言の発出の是非についてどう考えられていたのかを整理しよう。この時点では、ワクチンの有効性が持続するという想定がなされていた。

接種率の上限は90%か

ワクチンの接種が希望者に行き渡った場合でも、日本の接種率は90%を超えることはないと予想されていた。65歳以上の高齢者でワクチン接種率が約90%だから、それ以下の年齢層ではもっと低くなる。平均で接種対象年齢の75%程度が接種すると考えて、デルタ株の感染力を表す基本再生産数を5と想定し、ワクチンの効果を感染予防が70%、入院・重症化予防が90%という想定で、感染症学者の古瀬《ふるせ》祐気《ゆうき》氏が2021年に今後の感染を予測している。[1]基本再生産数は、感染対策をしていないときに、感染者一人が何人に感染させるかという数字である。その結果、感染は主にワクチン非接種者の間で続くため、私たちがコロナ以前の生活に戻って、全く感染対策をしなかったとしたら累積死者数が10万人を超えるという予測が出た。これは、2020年4月15日に当時厚生労働省の新型コロナクラスター班に属していた現京都大学教授の西浦《にしうら》博《ひろし》氏が記者会見で、「人と人との接触を8割減らさないと、日本で約42万人が新型コロナで死亡する」という予測を発表したものと本質的には変わらない。ワクチン接種率が75%になったとすれば、免疫がない人たちは日本人の4分の1なので、西浦氏が予測したときと比べてワクチン接種が終了した後、コロナで死亡する人たちも42万人の4分の1になり、10万人強となるのだ。

ただし、私たちの感染対策のレベルを2021年の1月から2月頃のイベントの開催制限や飲食店の時短営業程度にすれば、累積死者数は1万人程度に減り、その水準は毎年インフルエンザによる死者数と同じくらいになる。ワクチンを接種してもこのような状況というのは悲観的だ。どうすればいいだろうか。古瀬氏のシミュレーションによれば、ワクチンの接種率を80%程度まで引き上げることができれば、ほとんどの人がマスクをして三密を避ける状況を続けることで累積死者数は1万人程度にまで減らせる。

ワクチン接種率が90%にならない限り、ワクチン非接種者を中心に感染拡大が続くので、医療体制の逼迫が発生するために、何度か緊急事態宣言が発出されることになる。最終的には、ワクチン非接種者が全員感染するまで、感染が続くということになるのだ。

古瀬氏のシミュレーションでは基本再生産数をデルタ株では5という数字を標準的なものにしていた。しかし、日本では新型コロナウイルスが入ってきたときには、ある程度の対策がされていたので、全く対策をしていないときに、日本の社会でどの程度の感染力があるかについては、はっきりわからない。もし、日本におけるデルタ株の基本再生産数がもう少し小さい数であるならば、少しの感染対策をするだけで、累積死者数はかなり下げられる。古瀬氏のシミュレーションは、感染状況によって人流変化などの自発的な感染対策が全く行われないという想定のもとで行われていたので、実際よりも感染者数や死者数が多めに計算されていた。

経済学者のシミュレーション

古瀬氏と同様のシミュレーションは、経済学者も行っていた。東京大学の藤井《ふじい》大輔《だいすけ》氏らの2021年のシミュレーションは、日本の過去の経済活動、人流、感染状況の関係を標準的な感染モデルで分析して、5年間の予測をした[2]。その結果、ワクチン接種率を75%でデルタ株の基本再生産数を5と仮定した場合は、5年間で東京だけで約9千人の死者が発生する。もし、基本再生産数が4であれば、5年間の累積死者数は約7千人になる。死者数は、いずれの場合でも緊急事態宣言を何回するかには実はあまり影響しない。それは、緊急事態宣言によって感染拡大のペースを遅くすることはできるが、最終的にはワクチン非接種者の間で感染が広がり、その中の一定の比率の方が亡くなるからである。

つまり、新型コロナによる死者数は、ワクチン接種率に依存するのであって、緊急事態宣言で感染のペースを遅くすることはできても、総死者数にはあまり影響しないのである。藤井氏らのシミュレーションでは、ワクチン接種率が85%のケースも分析しているが、その場合は、総死者数は5千人から6千人程度に減少する。さらに、藤井氏らは緊急事態宣言に伴う経済的損失を計算している。緊急事態宣言を1回発出することで約5兆円の損失になり、緊急事態宣言を4回発出すると20兆円にまで損失が拡大する。緊急事態宣言を発出しないですめば3兆円の損失ですむ。何回緊急事態宣言を発出するかは、医療提供体制をどの程度拡充するかに依存する。医療提供体制が2021年夏のままだと、最低でも2回、多いと4回は、これからも緊急事態宣言がその後発出されるという試算だった。医療提供体制が、2021年夏の2倍以上になれば、緊急事態宣言の発出の可能性がかなり低くなる。一方、ワクチンの感染予防効果が低くなると、緊急事態宣言の回数は多くなる。

ここで、重要なのは、医療提供体制が2021年当時のままだと、ワクチン接種が終了した後も緊急事態宣言の発出が避けられないが、新型コロナによる死者数は大きくは変わらないということだ。緊急事態宣言の回数が多くなれば、その分、経済的な損失が大きくなる。経済的な損失は、失業者を増やし、自殺者を増やすという意味で命に関わる。また、貧困が増えると、子供の教育にも影響する。一時的に、医療提供体制を充実することができれば、緊急事態宣言の発出を減らし、若年者の自殺や子供の教育への悪影響を減らすことができる。

一方で、新型コロナウイルス感染症による死者数は大きくは変わらない。藤井氏らのシミュレーションから読み取れるのは、ワクチン接種率を引き上げることが重要で、ワクチン接種率が決まれば、コロナ感染によって亡くなる方の人数も決まってくるということだ。また、医療提供体制を拡充することで、緊急事態宣言の発出回数を減らすことができるのだ。

リスクで行動変容する人間を考慮

古瀬氏のシミュレーションでは、人々は感染リスクとは無関係に感染対策のレベルを決めていると想定されていた。藤井氏らのものでは、緊急事態宣言などで政府が経済活動のレベルを決めて、人々の行動がそれに応じて変動するという想定で分析がされていた。しかし、現実には、人々は感染リスクが高いと認識すると、自発的に外出を控えて感染対策を強化する。そうした人々の合理的な行動をモデルに取り入れて、感染と経済の関係を明らかにしたのが早稲田大学の久保田荘《くぼたそう》氏の分析である。[3]

基本的な分析結果は、他のシミュレーションと似ている。80%の人がワクチンを接種しても集団免疫の獲得は難しいので、今後も重症者数が多い状況が続き、医療の逼迫は1年以上続くという。ただし、緊急事態宣言が必要になるほどは重症者が増えることがないのが、他のシミュレーションとの違いである。それは、人々が、感染者数の増加に伴い外出を控えるために、感染者の増加がある程度抑えられるからである。久保田氏の研究では、ワクチン接種率が90％にまで高まれば、感染拡大が収束する可能性を示している。また、久保田氏もワクチン接種が終了した後の緊急事態宣言の意味は、感染の先延ばしに過ぎなくて、死亡者数を減らすことには貢献しないということを示している。

政策の選択肢

3つのシミュレーションの結果をもとにすれば、ワクチン接種が行き渡った後、私たちの政策の選択肢は、極端に言えば、つぎの2つである。

（1）医療提供体制をそのまま維持して、緊急事態宣言の発出を繰り返す（あるいは自発的な行動抑制）

（2）医療提供体制を拡充して、緊急事態宣言の発出を不要にする

どちらの場合でも新型コロナウイルス感染症による死者数は大きく変わらない。必要とされる医療提供体制の拡充はそれほど長期にわたるものではない。それなら（2）の政策の方が望ましいのではないだろうか。

2021年の段階では事態を改善させる根本的な方法は、ワクチン接種率をできる限り引き上げることだった。接種率が65歳以上の高齢者と同じように、どの年齢層でも90％まで高まれば、医療提供体制の逼迫も緊急事態宣言の発出の必要性もなくなり、私たちはほぼコロナ以前の日常を取り戻すことが期待できた。

1　古瀬祐気（2021）
2　藤井大輔、眞智恒平、仲田泰祐（2021）
3　久保田荘（2021）

2　なぜ日本人は社会経済活動よりも感染対策重視なのか

人生にリスクはつきもの

自動車を運転することは、自分にも他人にも交通事故というリスクをもたらすことは間違いない。それでも、運転することの便益が交通事故のリスク以上に大きいから、私たちは自動車を運転する。高齢になって運転が不安になってきた人の中には、運転免許を自主返納して、自動車の運転を止《や》める人も多い。また、75歳以上の人は認知機能検査を受けて、認知機能に問題があれば免許証の更新ができなくなる。運転のリスクが大きい場合には、運転する権利を制限されるが、それ以外の場合はリスクがあっても運転するという権利はある。どの程度のリスクなら私権制限の対象とするかは、社会的にそのリスクをどうとらえるか、ということに依存する。自動車運転のリスクがこの水準なら、一律に運転を規制すべきということが科学技術からだけでは判断できない。自動ブレーキや自動運転機能という安全対策の向上で、自動車の運転リスクが低下すれば、高齢まで運転する人が増えるだろう。

同じことは、新型コロナウイルス感染症対策にもあてはまる。ワクチンもなく、治療薬もない状態で、重症化リスクが高かった新型コロナウイルスの感染が拡大すれば、社会経済活動を犠牲にしてでも、感染対策に力を入れるのは自然な対応だ。しかし、ワクチン接種が普及し、治療薬もでき、治療法も確立してきたのに、感染拡大のたびに、当初と同じく社会経済活動に制限をつけるという対応を日本は続けた。一度形成された私たちのリスク認識はなかなか修正されない。軽症者がほとんどであっても、感染者数の報道に一喜一憂し、感染者や濃厚接触者に強い行動制限をかける。少しでも感染リスクが高くなりそうな行動は規制する。確かに医療提供体制が逼迫したかもしれないが、それは医療提供体制がそのときの変異株に適したものになっていないことが原因だったのかもしれない。

感染拡大の抑制は重要だが、感染拡大を防ぐことだけが私たちにとって重要なことではないはずだ。子供たちの成長、若者のこれからの人生、文化、芸術、経済など、同じように重要なことがある。感染に関する情報に毎日多く接していると、私たちは、他の重要なものを失ってしまっているというリスクに気がつかなかったり、過小評価したりしているのではないだろうか。第6波で、まん延防止等重点措置（重点措置）の適用地域の拡大や延長の議論を巡って、私はそのことを強く危惧した。

まん延防止等重点措置の適用・延長に反対

２０２２年3月21日、まん延防止等重点措置が全面解除された。しかし、ここに至る政策決定のプロセスには様々な問題があった。

私は1月25日以降、委員を務める新型インフルエンザ等対策推進会議の基本的対処方針分科会（分科会）で5回にわたって、重点措置の適用・期間延長の提案に反対した。重点措置とは、新型コロナウイルスのまん延を防ぐために、感染拡大リスクが高い場所に重点的に対策を講じるものだ。主な対策は、飲食店への営業時間規制とそのための協力金の支給である。それ以外に、保育所や学校などでの活動制限が含まれている。重点措置の適用は私権制限を伴うので、適用に関しては専門家が政府案に意見を述べる場が基本的対処方針分科会として設けられている。

重点措置の適用を希望する多くの都道府県で感染状況が深刻だったのは間違いない。高齢者を中心に感染者が増え、コロナ病床の逼迫が生じていた。医療提供体制が危機的になった場合、感染拡大を阻止するのは当然だ。

では、なぜ私は重点措置の適用・延長に反対したのか。

①オミクロン株の重症化リスク

第一に、第6波の中心であるオミクロン株の重症化リスクがそれまでの新型コロナウイルスの変異株に比べると相当程度低かったことである。重症化リスクは、高齢者と基礎疾患がある人たちに偏り、それ以外の重症者はほとんど観察されていなかった。私権制限をするほど重症化リスクが高い感染症かどうかという観点で、改めて検討が必要なレベルにあったのだ。実際、重点措置を適用するための条件には、肺炎の発症率が季節性インフルエンザよりも相当程度高いことがあげられていた。この点について、3月4日変更の基本的対処方針には、「限られたデータではあるが、肺炎の発症率については、季節性インフルエンザよりも高いことを示唆する暫定的な見解が報告されている」という文章が加えられた。しかし、重点措置を実施する政令要件は「相当程度高い」となっているが、相当程度高いかどうかについての根拠が示されていなかった。しかも、「新型インフルエンザ等対策ガイドライン」では、季節性インフルエンザの致命率を0・1%以下としている一方で、2022年3月時点の基本的対処方針では季節性インフルエンザの致命率を0・02〜0・03%としていたといった矛盾もあった（その後、7月15日からは0・01〜0・55%に変更された）。

その上、3回目のワクチン接種の状況も重症化率の判断には使われていない。政府は2022年2月中に高齢者の希望者にワクチン接種を終えるよう環境を整備した。実際、2月末で高齢者の3回目ワクチン接種率は約6割になり、3月半ばには約7割に達していた。3月以降に重症者が出るとすれば、ワクチンを接種していない高齢者と基礎疾患をもっている人にほぼ限られる。また、高齢者であっても3回目接種を終えた人の重症化リスクは非常に低いと考えられる。オミクロン株の感染拡大初期には、その重症化リスクが完全にはわからなかったが、感染拡大から1ヵ月を経過した頃には、その特徴がかなり判明してきていた。

②まん延防止等重点措置の効果

飲食店の営業時間規制を主な内容とするまん延防止等重点措置（重点措置）については、感染が拡大した後では、大きな効果がない可能性が高い。内閣府AIシミュレーションチームの名古屋工業大学教授の平《ひら》田《た》晃正《あきまさ》氏の予測では、重点措置による感染者数の減少効果は小さいとされている。[1]また、因果推論を用いた分析でも、重点措置が感染者数に与えた影響はほとんど観察されない。[2] 重点措置の効果が小さい理由は、感染者数が増加した段階で、人々は感染リスクの高い飲み会などの行動を控えるからということが考えられる。[3]

実際、第6波の感染拡大の場は、飲食店ではなかった。感染者が増えたという情報で、既に人々はリスクが高い飲み会を控えていたし、飲食店を利用する大人のワクチン接種率は既に高くなっていた。飲食店の営業時間制限をしたところで、感染拡大抑制効果は小さかったのだ。もともとお客さんが減っていた飲食店に営業時間規制をして協力金を私たちの税金から支払うのは法律の目的から外れている。

感染者数をとにかく減少させるための対策をとるのであれば、ワクチン接種率が低い20歳未満の子供や若者の行動規制が必要になる。具体的には、重点措置で規定されている保育所、学校での行動制限の強化である。課外活動、卒業式、入学式などで感染が拡大する可能性があるから、行事や活動を中止すべきだという意見もあった。

しかし、保育所、学校の休園・休校措置や活動制限は、子供の発達に大きな影響を与える可能性がある。子供への影響は、恵まれない家庭の子供ほど大きい。また、休園・休校は、親の就業に大きなマイナスの影響を与える。これらの社会経済的なマイナスの影響を考慮して、重点措置の延長の妥当性を考えるべきである。その判断の際に重要になるのが、既に述べたオミクロン株の重症化リスクの低さである。重症化リスクが低い感染症の感染者数を減少させるために、子供の発達や若者たちの人生に大きな影響を与える私権制限を行うべきだったのだろうか。

オミクロン株に効果的な対策とは何か

感染力が強く、重症化リスクが高いのはワクチン未接種の高齢者と基礎疾患を有する人に限られるというオミクロン株への対策としては、つぎのものが考えられる。

第一に、高齢者と基礎疾患をもった人への3回目のワクチン接種を促進することだ。順調にワクチン接種が進めば今後の新規感染者で重症になる人の割合は減少するはずである。

第二に、高齢者や基礎疾患をもった人が感染した場合に、早期に治療につなげる体制を構築することだ。高齢者施設でのクラスターが発生した場合に、その場所で治療・投薬を可能にする体制を充実させることである。また、できるだけ多くの医療機関がコロナ患者の診療をできるようにすることだ。

第三に、保健所による濃厚接触者の調査・特定作業、感染者の全数把握作業を中止し、高齢者などの重症化リスクの高い人への対応に集中することだ。オミクロン株は感染から発症までの期間が短いため、保健所による濃厚接触者の調査・特定による行動制限では、感染拡大を抑制する効果が小さいことが明らかにされている。保健所の人員が行う仕事の中身を、効果が小さい対策から効果が大きな対策に変更すべきである。
これらの対策は、重点措置とは無関係にできたのだ。多くの人は、これらの対策が効果的であることを知っていたはずだ。

今後の感染拡大に備えるために

①重症化リスクの計測

オミクロン株の特性がわかっても、なかなか対策の中身が変わらなかったのは、新型コロナ対策が変異株ごとに異なる対策を要することが認識されていなかったせいでもある。

実は、厚生労働省のアドバイザリーボードに提出されていた資料をみると、沖縄県や大阪府の事例から詳細な年齢別のデータが比較的早くから得られていた。具体的には、60歳未満の重症化リスクが極めて低く、大半が無症状か軽症であること、高齢者・基礎疾患をもった人たちに重症化リスクが限られていること、死亡する人の多くは新型コロナウイルス感染症が主な死因でないことがわかっていた。

専門家からは、重症化リスクは、感染の波が収束しないと完全には計測できないという意見も出されていた。しかし、感染者数、重症者数のデータという公表データと平均入院期間に関する仮定から、リアルタイムに重症化リスク、致死率を計測する手法も開発されている。[4]

正確な情報がないと政策に反映すべきでないという考え方も確かにあるだろう。しかし、正確な情報を待つ間に、適切とは言えない対策をとり続けることで、医療提供体制の整備や保健所の対応が遅れ、過剰な私権制限による損失が大きくなることも考える必要がある。

②医療提供体制について

第5波は65歳以上の高齢者におけるワクチン接種が進んだ状況で発生した。そのため、ワクチン接種が進んでいなかった65歳未満の重症化リスクが高く、感染初期の段階で中高年層に向けた酸素吸入装置の確保が重要となり、その治療のための医療提供体制が逼迫した。その結果、各自治体は第5波と同じタイプの流行に備えた対策をして、第6波に備えた。

実際の第6波は、感染伝播力《でんぱりょく》は強いが、60歳未満の感染者に対しては、無症状か軽症で終わるものであったにもかかわらず、2022年1月中は、軽症者もすべて入院させる方針をとった自治体が多かった。その後、重症化リスクが高い感染者に入院を絞っていく自治体が増えたが、自治体間で差があった。診療報酬はICU等に入院すると加算されることもあり、ICUに入っている患者のうち、人工呼吸器やECMO（体外式膜型人工心肺装置）を使用していない比率もかなり高かったということが、東京都や大阪府のデータからわかる。医療資源が適切に使われていたのか、という点についても検証する必要がある。

新型コロナについては軽症であるが、他の疾患が重症であるというタイプの患者をコロナ確保病床で受け入れることが患者の治療にとって望ましいのか、高齢者施設で感染した人をコロナ確保病床で受け入れて治療することが本人の健康を改善することに効果的なのか、といったことも再検証すべきである。もともと患者が治療を受けていた医療機関や高齢者施設に、専門分野の医療者が治療に出向くことで、より適切な医療を提供できたのではないか。制度的な問題がそのボトルネックとなっていたのであれば、その改善を急ぐべきである。

病床が逼迫した理由として、コロナ患者受け入れ病院の入院期間が長かったことも挙げられる。この背景には、診療報酬が入院期間に応じて支払われるという従来の報酬体系が続けられたことも一因だと考えられる。例えば、一入院包括型（ＤＲＧ）と呼ばれる診療報酬体系の導入などで、軽症化した患者の転退院を促すことが効果的になった可能性がある。

新型コロナ患者の病床確保や受け入れ数を増やすための補助金制度が設計されたが、それによって、コロナ患者の受け入れがどの程度増えたのか、という検証作業も必要である。効果的な補助金・診療報酬制度を設計しないと、いつまで経《た》っても、新型コロナウイルス感染症に対する脆弱《ぜいじゃく》な医療提供体制が続く。

なぜ社会経済活動よりも感染対策重視なのか

第6波において、重症化リスクがそれほど高くないことが判明していたのに、なぜまん延防止等重点措置を適用し、私権制限がなされたのか。それは、強めの感染対策が国民から支持されたからだ。

ではなぜ、こうした傾向が強いかについて、私は2022年2月15日に開催された衆議院予算委員会公聴会で公述人として「新型コロナ感染症対策EBPM」という意見陳述の中で触れた。EBPMとはEvidence Based Policy Makingの略で、「証拠に基づく政策形成」という意味だ。EBPMといっても、新しい変異株が発生する感染症対策には、ワクチンのように因果関係が明確になっているものもあれば、緊急事態宣言やまん延防止等重点措置のように効果が不明確であるが状況変化に応じて行うべき政策もある。

誤解されやすいが、EBPMをすれば正しい一つの政策が決まるというわけではない。政策目標に最初から明確な優先順位がある場合には決まるだろう。仮に、感染対策と社会経済活動との間にトレードオフ（両立しえない関係）が存在しても、感染対策を重視するという優先順位が決まっているのであれば、感染を抑えることに最も有効な対策を検討すればよい。そして、その対策については、専門家だけで議論をしても大きな問題はない。

しかし、感染拡大抑制と社会経済活動の維持という複数の政策目標があって事前に優先順位が決まっていない場合は、専門家だけで議論しても政策を一つに絞ることはできない。専門家ができることは複数の政策オプションを提示し、それぞれのメリットとデメリットを明記することである。どのオプションを選ぶかは価値観に依存するため、国民の代表である政治家がなすべきである。

感染症の専門家だけで最適な政策提言ができるという状況は、感染者数を減らすことが政策の優先順位であるという合意がとれていた時期に限られる。しかしその後、感染拡大の抑制と社会経済活動の維持のどちらを優先するかは価値判断によって異なる状況に変わっていった。本来なら専門家の提言は複数の政策オプションを提示する形に変わるべきだったのだ。なぜ、複数のオプションの提示に変わらなかったのか。それは、感染拡大の抑制を最優先すべきだという価値観が強かったというだけではなく、国民や政治家に提供される情報に偏りがあったことにも原因があったと考えられる。新規感染者数、死者数など、感染に関する情報は、毎日報道され、人々の関心を集めやすい。そのため、政治的にも重視されがちだった。

一方、感染対策が社会や経済に与えるリスクは、毎日数字として現れるわけではなく、影響が将来に現れるものも多いため、感染対策の影響かどうかも判断しにくいものが多い。

例えば、コロナ対策が強化された時期には、特に子供、若者の自殺が増えたことが明らかにされている。コロナ危機による自殺は約8000人であり、失業率上昇で説明できる部分はその約4分の1でしかないことを示した研究がある。[5] 緊急事態宣言で既婚女性の就業率が低下し、DVが増えた。[6] 学校休校は、子供の学力、非認知能力、健康にマイナスの影響を与え、特に、恵まれない家庭の子供たちへの影響が大きかった。[7] 婚姻数は約11万件も減ったため、将来婚姻数の埋め合わせがなければ失われた出生数は約21万人と予測されている。[8] スポーツ庁の調査によれば、2021年の小学生と中学生の体力・運動能力は大きく低下し、肥満も増えていた。水際対策で海外からの留学生が激減し、国際的なビジネス交流が減り、日本人の国際交流が減ったことは、長期的に日本社会に大きな影響を与える可能性が高い。

複数の政策目標がある場合、計測しやすく目立ちやすい情報に偏った意思決定をしていないかどうか、政策担当者は常に注意しなければならない。感染リスクに関する危機意識の共有だけではなく、コロナ禍での経済・文化・教育・健康に関する危機意識の共有も重要である。そのためには、平時から社会経済的な課題についてデータ・エビデンスでしっかり把握し、平時及び危機時の両方に有効な政策的対応を進めるべきなのである。特に、リアルタイムで、変異株の特性と社会経済への影響を把握し、柔軟に政策対応を変えることが危機時には重要だ。

一般に政府が政策にコミットすることで、将来の政府の方針への不確実性が減り、民間が将来の計画を安心して立てられるというメリットがある。「重点措置については自治体が要請すれば原則認める」とか「感染症法上の分類を2類相当から5類相当に変更することはしない」といったコミットメントは、自治体や医療機関の計画を立てやすくしただろう。しかし、変異株の特性やワクチン接種の状況があまりわからない段階でコミットすることで柔軟な政策を行えないというデメリットもあった。このようなバランスは難しいが、状況の変化が大きい場合には、随時検討していくことも重要だ。複数の政策目標があり、短期間で大きく変わる状況のもとで、リアルタイムに情報を把握し、的確に政策判断ができる体制の構築が求められる。

1　平田晃正（2022）
2　北村周平（2022）
3　渡辺努、藪友良（2020）
4　仲田泰祐、岡本亘（2022）
5　Batista、藤井大輔、仲田泰祐（2022）
6　内閣府男女共同参画局（2021）
7　Asakawa and Ohtake（2021）
8　千葉安佐子、仲田泰祐（2022）

3　指数関数を直感する「70の法則」

２０２１年４月25日から５月11日まで、東京、大阪、京都、兵庫に３回目の緊急事態宣言が発出された。特に、大阪では新型コロナウイルスの新規感染者数が１日１０００人を超えて、医療の逼迫状況が深刻になった。そのため、人々の行動変容も比較的大きかった。しかし、東京では人々の行動変容が比較的小さかったと言われた。まだ新規感染者数が大阪ほど多くなく、医療体制の逼迫もそれほど深刻ではない状況で宣言が発出されたからだ。東京で早めに宣言が発出されたのは、大阪の経験から変異ウイルスの感染力が強いことを危惧したからである。感染者数は指数関数的に増加する。わずかに感染力が高まっただけでも、その影響は大きい。

問題は、指数関数的な増加を私たちが直感的に理解できないことだ。感染力が高まったウイルスでも、今はまだ大丈夫だと思って、感染リスクの高い行動をしがちだ。しかし、その影響は指数関数的に大きくなる。気がついたときには医療体制が逼迫している。

先週比10％の感染者数増は、感染増加の初期では増加数そのものは小さい。しかし、それが続くとあっという間に感染者数は大きくなっていく。

指数関数的増加を理解するには、「70の法則」が便利だ。70の法則とは、複利の特性をわかりやすくしたものだ。複利でお金を借りてそのまま返さなかったとき、元利合計がもとの倍になるのに何年かかるか、ということを示す。70を借りた金利で割ると倍になる年数が計算できる。例えば、年5％の金利でお金を借りた場合、70÷5＝14なので、倍になるのは14年後だ。

毎週、感染者数が10％増加しているのであれば、感染者数が倍になるまでは、70÷10＝7だから、7週間である。これが20％の増加であれば3・5週間なので、約1ヵ月で倍だ。そのスピードが続けば、2ヵ月で4倍になる。比較的小さな増加率だと私たちは気にしないが、気がついたときには非常に大きな数字になるのが、指数関数の特徴だ。指数関数的拡大のためにウイルス感染拡大に気がつくのが遅くなって、行動変容が遅れてしまう。

努力の重要性も70の法則で理解できる。私たちは、仕事や勉強をすることで、毎日人的資本を増やして生産性を高めている。毎日前の日よりも1％だけ成長できれば1年後にどのくらい成長できるだろうか。70÷1＝70なので、毎日1％の成長で70日後に実力は今の倍になる。140日後には4倍、210日後には8倍、280日後には16倍、350日後には32倍だ。つまり、毎日たった1％ずつ成長を続けるだけで、実力は1年で今の32倍になるのだ。

指数関数的増加は、私たちには理解しにくいので、その性質をうまく活かすことも難しいし、そうした性質をもつ問題への対策も遅くなる。70の法則を使って、直感的理解がしやすい形に置き換えると、問題への対処も早くできるのではないか。

第四章　テレワークと生産性

1　コロナ禍で進んだテレワーク

生産性を経済学で分析する

２０１９年12月に中国の武漢《ぶかん》から感染が広まった新型コロナウイルスは、比較的強い感染力をもっていたため、短期間で世界各国に広まった。その後、ウイルスは変異を繰り返し、２０２２年10月時点で3年近く、感染が続いている。各国で、ロックダウンなどの感染対策がとられた。日本でも当時の安倍晋三《あべしんぞう》首相が、２０２０年2月26日に、今後2週間は全国的なスポーツや文化イベントの中止や延期、規模縮小を要請し、27日には、3月2日から春休みまで全国の小学校、中学校、高校などについて、臨時休校とするように要請した。企業に対しても2月25日に「発熱等の風邪症状が見られる職員等への休暇取得の勧奨、時差出勤やテレワークについて、強力に推進いただくようお願いいたします」と要望を出した。いずれも、新型コロナウイルスの感染拡大のスピードを抑えることが目的であった。２０２０年の4月7日からは、はじめて緊急事態宣言が発出され、不要不急の外出の自粛および、①密閉空間（換気の悪い密閉空間である）、②密集場所（多くの人が密集している）、③密接場面（互いに手を伸ばしたら届く距離での会話や発声が行われる）という三密を避けることが要請され、

テレワークの推奨も行われた。

確かに、満員電車で通勤し、会社の中で同僚や顧客と近い距離で仕事をすると、新型コロナウイルスの感染リスクが高くなる。幸いなことに、職種によっては、インターネットを通じたオンラインでの仕事が可能で、無理に会社のオフィスに集まる必要がなくなっている。もし、オンラインによる仕事でも従業員の生産性が下がらないなら、多くの企業は、コロナ以前からテレワーク（在宅勤務）を進めてきたはずだ。しかしコロナ以前は十分にテレワークが普及してこなかったとすれば、それなりの理由があったはずで、その理由としては、テレワークが生産性を引き下げてしまう、テレワークの生産性向上効果が知られていなかった、テレワーク導入のための一時的なコストが高いといったことが考えられる。新型コロナウイルスの感染対策で、テレワークの推進がなされると、生産性がどのような影響を受けるかは、労働者にとっても企業にとっても関心が高いことだ。テレワークの生産性効果を経済学で分析した研究をつぎに紹介しよう。

プラスとマイナスの影響

テレワークは生産性にどのような影響を与えるだろうか。経済学的には、プラスの影響とマイナスの影響の両方が考えられるが、まずプラスの方から挙げてみよう。第一に、企業がテレワークを従業員に許可することは、通勤を不要にすることから労働条件の向上を意味する。労働条件が向上すると従業員は、企業から贈与をもらったと認識し、それに応えようと努力することで生産性が向上するという贈与交換のメカニズムによる影響が考えられる。第二に、通勤が不要になることから長時間通勤による疲労が減って、健康になった分、生産性が向上する可能性がある。第三に、テレワークはファミリーフレンドリーな政策であるので、仕事か家庭かという従業員の葛藤を減らすことになる。その結果、従業員の仕事に対するモチベーションを亢進《こうしん》させて、仕事の満足度も高めることになる。これが直接生産性を高めることになるだけでなく、ファミリーフレンドリーな政策を重視する能力の高い従業員の採用を増やし、彼らの定着率を高めることを通じて長期的な生産性向上にもなる。第四に、新型コロナウイルス対策としてテレワークの導入をすることが社会貢献活動の一つと認識されれば、企業が向社会的取り組みをしていると認識されることになる。向社会性をもつことで従業員の労働意欲が向上するだけではなく、企業が短期的視野ではなく長期的視野で考えていると従業員が企業を信頼するようになる。その結果、従業員は、長期的な能力向上に投資するようになる。

一方で、テレワークには、マイナスの影響、つまり生産性を引き下げる可能性もいくつかある。第一に、テレワークの導入が直接的に費用を高めてしまうことである。テレワーク導入のためには、セキュリティやコンピューターのソフトの導入維持費用がかかる。第二に、同じ職場で働いていると、優秀な従業員に刺激されて生産性が高まるというピア効果が発生するが、テレワークでは他の従業員の働きぶりが直接見えないのでピア効果が発生しにくい。第三に、同じ場所にいたならば、協力して仕事を進めやすいが、在宅で仕事をしていると他の人を助けたり、他の従業員に協力を求めたりすることが難しくなるため、チーム生産が低下する。第四に、上司にとってみると、部下の働きぶりが観察しにくくなるため、部下の努力の程度をコントロールすることが難しくなる。第五に、製造ラインや対面サービス業の場合には、そもそもテレワークができない仕事も存在する。第六に、自宅がテレワーク環境に向いていない場合である。その場合、テレワークは100%生産性を下げてしまう。

　したがって、テレワークが生産性を高める効果と低める効果は、職場によって大きく異なることが予想できる。しかも、テレワークが生産性に与える影響をきちんと分析することは意外に難しい。仮に、テレワークを導入したところで生産性向上が観察されたとしても、テレワークの導入が生産性を向上させたかどうかは判断できない。なぜなら、生産性が向上すると予想される局面で、従業員の労働環境をよくしようという人事政策でテレワークが導入されたかもしれないからだ。この場合は、テレワークが生産性を向上させたのではなく、生産性が向上すると判断したからテレワークを導入したことになる。また、テレワーク導入によって生産性が上がると予想する企業がテレワークを導入し、生産性が下がると予想した企業は導入しないという場合でも、テレワークの導入と生産性向上に相関が見られることになる。しかし、この場合にテレワークの導入が生産性を向上させると結論づけることはできない。テレワークを導入していない企業に、テレワークを導入しても生産性が上がらない可能性が高いからだ。実際、日本においてコロナ禍でのテレワークと生産性の関係を調べた研究では、両者に負の相関を観察したものがほとんどだった[123]。

生産性を計る実験

テレワークが生産性にどのような影響を与えるかを調べるには、実験してみることが一番いい。実際、理想的なテレワークの実験が、中国の大手旅行代理店であるCtrip社（現Trip.com社）で行われた。[4] Ctripでは、9ヵ月間の自宅勤務を従業員の間で募集した。その応募者をテレワークである自宅勤務とオフィス勤務にランダムに割り当てた。こうすることで、テレワークを選ぶタイプの労働者とそうでない労働者の違いによる生産性の差の影響を取り除くことができる。テレワークで働きたいと希望している従業員を、テレワークとそうでない働き方にランダムに振り分けたからだ。そうして、従業員の生産性をテレワークとオフィス勤務者間で比較したところ、テレワークによって自宅で働いた従業員の生産性は13％向上していたことが明らかになった。13％のうち9％は休憩時間と病気休暇の減少に伴う労働時間の増加から発生していた。残りの4％は、時間あたりの電話時間が増加したことによる生産性向上であった。また、従業員の仕事満足度と定着率も向上した。一方で、生産性が同じ従業員同士で比較するとテレワークをしていた従業員の昇進比率は、していなかった従業員より低かった。つまり、この旅行代理店の大規模な実験では、テレワークは生産性を向上させることが明らかにされたのだ。この会社は、この実験の後、テレワークをする権利を従業員に与えることを全社員に対して展開し、約半分の従業員がテレワークを選択し、生産性向上は22％にまでなったという。

産業別の効果

旅行代理店の従業員のようにもともと仕事が個別でも可能で、電話やパソコンを通じたものが主体であれば、テレワークのメリットが大きいというのは十分に想像できる。しかし、他の産業も含めて考えればどうなるだろうか。ポルトガルでテレワークに関して継続的に行われた調査を用いて、テレワークが生産性にどのような影響を与えたかを企業特性別に分析した研究がある。[5] このポルトガルの研究では、同じ企業を継続的に調査しているので、生産性が高い企業がテレワークを導入したというような逆の因果関係を取り除いて分析できる。また、どのような企業がテレワークを導入する傾向があるかということを分析して考慮することで、純粋にテレワークの影響を調べることもできる。

その結果、テレワークの導入は、平均的には、生産性を2%程度引き下げていた。ただし、そのマイナスの効果は、従業員数が50人未満の小企業で発生しており、50人から250人未満の中規模企業では生産性を4%程度引き上げていた。また、250人以上の規模の企業では、テレワークの導入と生産性は無関係だった。

産業別にみると、予想通りサービス産業でマイナスであり、労働者の技能レベルが低い企業ほど生産性が低下していた。また、研究開発活動をしている企業ではテレワークの導入は

4%生産性を引き上げていたが、研究開発をしていない企業では3%生産性を引き下げていた。

つまり、研究開発をしている、従業員の技能のレベルが高い、ある程度企業規模が大きい、サービス産業以外の企業では、テレワークによって生産性が向上する可能性があるということだ。上司やチームと同じ場所で働かないと生産性が上がらないという伝統的な日本企業でも、働き方を変えることで、テレワークでも生産性を向上させることができる職場は、かなりあると予想できる。新型コロナウイルス感染症対策を、生産性の向上と働き方改革の推進のチャンスにした企業は多いのではないだろうか。実際、加藤大貴《かとうひろき》氏と私が行った研究で、テレワークの導入の有無は日本的雇用慣行とは無関係であり、仕事の評価基準が明確でテレワークの周辺環境が整備されているとテレワークが活用されていたことが示された。[6] また、会議や打ち合わせという仕事が多かった職場では、緊急事態宣言をきっかけにテレワークを継続的に利用するようになっていた。これは、ICT（情報通信技術）によるビデオ会議システムの普及が緊急事態宣言下で普及したことを反映している可能性が高い。

1　Kitagawa et al.（2021）
2　Okubo, Inoue and Sekijima（2021）
3　森川正之（2020）

4 Bloom, Liang, Roberts and Ying（2015）
5 Monteiro, Straume and Valente（2019）
6 大竹文雄、加藤大貴（2021）

2 同僚と働くピア効果

便利なテレワーク

新型コロナウイルス感染症対策で、テレワークを導入する企業が増えた。コロナ以前では、日本企業にテレワークが本格的に普及すると予想していた人は少なかっただろう。しかし、私たちは、コロナ対策でいわば強制的にテレワークを経験した。多くの人にとって、オンライン会議は当たり前のことになった。

テレワークが増えて、子育てや介護と仕事の両立ができるようになり、通勤での疲労も減り、単身赴任も不要になった。対面での会議が減ったおかげで、移動時間なしで、1日に複数のオンライン会議に出席できる。仕事内容によっても異なるが、テレワークのおかげで生産性が上がった人も多いはずだ。企業にとっても、広いオフィスは不要になり、オフィスを維持する費用が節約できる。全国どこからでも優秀な人を採用できるので、人材の質が高まる。したがって、コロナ感染が収束した後も、通勤や出張する人の比率は、コロナ以前の水準までは戻らないと考えられる。

学生もオンライン授業を経験して、その便利さを実感したはずだ。自宅から授業が受けられ、黒板に書かれる内容も手元でわかる。オンデマンド授業ならわかりにくいところを何度でも見直せる。就職活動もオンラインになり、どこに住んでいても不利にならない。

明らかになってきた課題

しかし、オンライン化はよいことばかりではない。問題点も明らかになってきた。管理職にとっては、部下の働きぶりがよくわからなくなった。また、仕事の指示を出すのに、対面だと、なんとなく伝えるだけでニュアンスまで伝わっていたことでも、オンラインだと、きちんと表現しないと伝わらない。ただ、こうしたことは、以前から管理職の仕事の仕方として、改善すべき課題となっていたものだ。オンラインでの仕事が増えることで、管理職の技能向上のよい機会と捉えるべきだろう。

より重要な課題は、同僚と同じ場所で仕事をすることで得られた情報が、得られないことだ。マニュアルには書かれていない暗黙知を知っているかどうかが、生産性に大きな影響を与える。学生たちも同級生や先輩から様々なことを学んでいるが、オンラインではそのようなノウハウが得られない。オンラインだけでは、私たちの生産性が下がってしまうかもしれない。

また、優秀な同僚と一緒に仕事をすることで、手を抜きにくくなるということもある。一緒に仕事をしていると優秀な同僚からの同調圧力を感じることで、生産性が高まることもあるだろう。

経済学では、同僚や友人の生産性が、自分の生産性に与える影響のことをピア効果（同僚効果）と呼ぶ。同僚の働きぶりが目に見えやすい職場だと、ピア効果が観察されやすいことも知られている。イギリスの果樹園で、果実摘みの仕事の生産性を分析すると、同じ場所で働いた人が友人同士であれば、友人同士の生産性がお互いに影響することが明らかにされている。[1] 生産性の高い人と同じ場所で果実摘みの仕事をすると、他の人の生産性が高まるのだ。

また、スーパーマーケットのレジ打ちの仕事でも、ピア効果が観察されている。[2] ただし、多くの人が予想するものとは少し異なるメカニズムでピア効果が観察されるのだ。レジ打ちの仕事では、自分の前の人の仕事ぶりは目に入るが、後ろの人の仕事ぶりはわからない。もし、ピア効果が存在するなら、自分の前の人の生産性が高ければ、レジの行列もどんどん減ることがわかるので、自分の生産性も上がりそうだ。しかし、アメリカのレジ打ちの人たちのデータを分析したところ、自分の後ろにいる人の生産性が高い場合に、自分の生産性が高まるということが明らかにされた。しかも、もともとその人の生産性の高さを知っていた場合だけにそれが観察されるという。つまり、自分はとても優秀な人に後ろから仕事ぶりを見られながら仕事をしているという無言の同調圧力が、生産性を高める理由になっていたということだ。

このような同調圧力が原因で、ピア効果を受けているのであれば、テレワークでも、同僚の仕事ぶりが目に見えるように設定すれば、ピア効果は維持可能だ。ただし、このタイプのピア効果は、比較的繰り返し作業が多く、仕事ぶりが観察しやすい仕事でこそ効果的だろう。繰り返し作業ではなく、知識集約的な仕事では、外から仕事ぶりを観察することはなかなか難しい。同調圧力ではなく、仕事の暗黙知を伝えるようなピア効果は、本当に存在するのだろうか。つまり、チームでなく一人で担当して、仕事ぶりが観察されにくい仕事でも、私たちは同僚と同じ場所で仕事をすることで本当に生産性を上げているのだろうか。

特許審査官のピア効果

米国の特許審査官の生産性を分析して、ピア効果の存在を明らかにした研究がある。[3] 特許審査官は、申請された技術が特許に値するかどうかを審査する。基本的には一人で仕事をするが、同僚や上司とも話し合う。彼らの研究結果によれば、特許審査官は同僚が優秀であれば、本人の生産性も向上し、その影響は、元の同僚が職場からいなくなっても続く。つまり、同調圧力だけではないということだ。

また、ピア効果を受ける程度は、新人審査官の方がベテラン審査官よりも大きい。これは、新人審査官が、マニュアルに書かれていない細かな仕事の仕方を先輩審査官から学んでいる可能性が高いことを意味する。

さらに、興味深いことに、同僚の先輩審査官からのピア効果は大きいが、上司の審査官からの影響は小さい。ピア効果には、上司の仕事の指示や指導の仕方がよいという効果はあまり含まれていないのだ。あまりにも技能レベルが違いすぎると、新人審査官は参考にしにくいのかもしれない。ちょっとしたことを上司には質問しにくいが、同僚の先輩ならできるということも理由の一つだろう。学生をみていても、先生よりも先輩から学ぶ方が成長するように思う。

重要なことは、テレワークをしている同僚から従業員はピア効果を受けにくいし、ある従業員がテレワークをしていると同僚からのピア効果を受けにくくなるということだ。これがテレワークの最大の課題だ。特に、新人が職場の同僚から学びやすい場を設定したり、雰囲気を醸成したりすることが重要だ。

テレワークには、様々な利点があるが、ピア効果による知識伝達という生産性の向上に優れた面が失われることを認識すべきだ。テレワークが職場のピア効果を小さくするのであれば、オンラインでの交流を増やすか、出社時にピア効果を増やすことで、それを補うことをしないと、新人が生産性向上の機会を失い、その影響は長期にわたってしまうだろう。

1　Bandiera, Barankay and Rasul（2010）
2　Mas and Moretti（2009）
3　Frakes and Wasserman（2021）

3　オンライン会議は創造性を阻害する？

急速に普及したオンライン会議

新型コロナウイルス感染症の感染拡大で、大きく変わったのがオンライン会議の急速な普及である。Zoom、Webex、Microsoft Teams などのオンライン会議システムがなければ、テレワークがこれほど普及することはなかっただろう。政府や自治体の審議会などの会議もほとんどがオンライン会議になった。オンライン会議には、多くのメリットがある。オフィスに行かなくても仕事が進められる。出社だけではなく、出張も不要になる。出社や出張が不要になると、私たちは、移動にかかる時間を、別の活動に使うことができる。今までよりも多くの会議に出席できる。日程調整も簡単になる。その分生産性が向上するのだ。

教育でもオンライン授業が一挙に普及した。通学して大教室で遠くの席から受けていた授業よりも、オンラインの方がはっきりとプレゼン資料や板書を見ることできる。通学時間も不要になるので、睡眠時間が長くなる。その上、オンライン授業なら簡単に録画できオンデマンドの配信もできる。オンデマンドの授業なら、倍速にもできるし、わからないところを繰り返して視聴することもできる。

テレワークの問題点

オンライン会議とテレワークで対面での仕事をすべて代替できるなら、今後私たちの働き方や居住スタイルは大きく変わっていくだろう。しかし、私たち自身も、現在の技術水準でのオンライン会議はまだ不完全なものだと感じているのではないだろうか。実際、新型コロナの感染対策でテレワーク比率が高かった企業では、従業員の出社を促す取り組みを始めたところもある。大学でも対面授業が復活したのは、単に、新型コロナの感染が収まってきたとか、文部科学省の指導があったという理由ではなく、オンライン授業だけでは学生の成長に影響があるからというのが一番大きな理由だろう。

では、テレワークにはどのような問題点があったのか。第一に、既に述べたように、私たちは職場や学校で上司や先生からだけ学ぶのではないということだ。職場では、同僚からインフォーマルに仕事の仕方を学んでいるので、優秀な同僚が近くにいた経験があるとその後の生産性が高まるという研究がある。そのため、テレワークで同僚が働いていたり、自分がテレワークをしていたりした場合には、この同僚からの生産性効果は小さくなってしまうのだ。

同じことは、学校でも当てはまるだろう。学生たちは、教師から学ぶだけでなく、同級生たちから多くのことを学んでいる。また、対面参加型の授業であれば、協力して課題に取り組むことで、協調性や互恵性が育まれる可能性もある。

第二に、オンライン会議は、ブレインストーミングのように自由な雰囲気で集団で創造的なアイデアを出し合うのには向いていないということだ。オンライン会議では、司会者が発言者を指名しないと、うまく会議が進まない。思いついたことを、そのタイミングで発言することがなかなか難しい。頭が整理された状況だと、オンライン会議はうまく機能するが、何かアイデアをみんなで考えようというブレインストーミングには、あまり向いていない可能性がある。

ちょっとした刺激がアイデアを促す

オンライン会議はブレインストーミングに向かないのではないか、という感覚はあっても、今までそのエビデンスはなかった。ところが、2022年3月にNatureに発表された学術論文で、このぼんやりした私たちの感覚が実証的に明らかにされただけでなく、その理由まで示された。[1]

対面会議では、私たちは会議出席者と同じ空間にいるので、相手の発言以外の様々な異なる刺激を得ることになる。発言者の様子、会議出席者のちょっとした発言や全体的な雰囲気、部屋に置いてあるものなどといったものである。しかし、オンライン会議では、全員が共通の画面に集中するので、アイデアの創出に関わるような様々な刺激が不足してしまうというのだ。ただ一方で、共通の画面に参加者が集中することは、どのアイデアを選ぶべきかという段階では、参加者の協力的活動を阻害しないという。

どのようにして研究者たちは、このことを明らかにしたのだろう。二つのタイプの実験を行ったのである。一つは、大学生を被験者として集め、ランダムにペアを作って、フリスビーの創造的な使い方のアイデアを5分間で出してもらって、出てきたアイデアから1分間で最も創造的なものを選ぶという課題をしてもらうという実験だ。アイデアの質については、別の学生が評価をする。半分のペアは、この課題をオンラインで行い、残りの半分のペアは対面で行った。フリスビーの代わりに、梱包材《こんぽうざい》であるプチプチの創造的な使い方を課題にした同様の実験も行っている。どちらの場合にも、課題をする部屋には、ファイルキャビネット、フォルダー、段ボール箱、スピーカー、筆箱という実験室にありそうなものと、骨格のポスター、大きな鉢植え植物、レモンが入ったボウル、青い皿、バランスボールの箱という実験室にはありそうもないものが置かれていた。

まず、アイデアの数と創造的なアイデアの数は、オンラインよりも対面の方が、どちらの課題でもよくできていた。しかし、より質の高いものを選ぶという課題では、オンラインの方が優れていたのだ。なぜ、このような違いが生まれたかを、つぎの方法で検証している。視線をどれだけ相手に向けていたかということと、部屋に何があったかを後で質問するという方法で関心の集中度を計測したのだ。この結果、オンラインで課題を行ったペアは、画面に視線を集中させている時間が長く、部屋に何があったかをあまり覚えていなかった。

大学生を相手に行った実験では、実際の仕事との関連が弱い可能性があるので、ポルトガル、イスラエル、フィンランド、ハンガリー、インドで通信施設産業の多国籍企業のエンジニアに参加してもらって、先ほどのものと似た実験を行っている。ただし、課題はその会社の製品のアイデアを考えてもらって、一番いい製品のアイデアを選ぶというものだ。ペアになったエンジニアは、オンラインで行う場合と対面で行うものにランダムに分けられている。実際の企業で行われた結果も、学生相手に行った実験結果と基本的に同じであった。対面のペアの方が、アイデアの質も高く量も多いが、出てきたアイデアから一番よいものを選ぶのはオンラインのペアの方が対面のペアよりも優れていた。

オンライン会議の使い方

この研究結果にもとづけば、オンラインでの会議は、異なる場所の人々が共同で仕事をすることを可能にするという優れた面があるが、対面での議論に比べて創造的なアイデアを減らしてしまうというリスクがある。したがって、ブレインストーミングはオンラインよりも対面の会議を使う方がよさそうだ。一方で、オンライン会議では、集中力が高められる。したがって、出てきたアイデアから優れたものを選択するというような、集中力が必要な会議は、オンライン会議の方が優れている。私たちは、オンライン会議と対面会議をうまく組み合わせていく必要がある。

1　Brucks and Levav（2022）

4　体罰を有効と思い違うワケ

仕事で部下が失敗したときに叱責する方が、うまくいったときに褒めるよりも、部下が成長すると感じている人は多いのではないだろうか。子育てをする際に、うまくいったときに褒めるよりも、失敗したときに叱ってしまうこともよくある。学校でのクラブ活動でも、生徒が失敗すると厳しい叱責や体罰が行われることがある。

体罰がなくならないのは、生徒や選手がミスをしたときに体罰をすることで、生徒や選手の能力を向上させることができると、多くの指導者が信じているからだ。

体罰とまではいかなくても、実際、選手がミスをした際に叱りつけたり罰則を与えたりすることが、能力向上に効果があるという認識は日本のスポーツの指導者の間で広く行き渡ってきたように思える。もし、選手がミスをした際に叱りつけることに効果はない、ということが指導者の間に広く認知されれば、自然にこのような指導法はなくなってしまうはずだ。

ところが、「そんなはずはない。ミスを厳しく叱ることは選手の能力向上に有効だ」という反論がすぐに出てきそうだ。ところが、指導者たちが実感している「褒めるとつぎに失敗し、叱るとつぎに成功する」というのは、「平均への回帰」として知られる純粋に統計的な現象で、因果関係を示すものではない。

「平均への回帰」という統計的な現象をわかりやすい例で説明してみよう。10枚のコインを投げて表の枚数1枚あたり100円がもらえるゲームをしているとする。1枚しか表が出なかった場合に、コインを叱りつけてみる。つぎは、1枚より多くの枚数が出ることが多い。ということは、コインを叱りつけることで、表が多く出るようになったのだろうか。

当然、そんなことはない。コインの表が1枚しか出ない確率よりも2枚以上出る確率は常に高い。コインを褒めたり、叱ったりすることは、コインの表の数が出ることと全く関係がないのは明らかだ。

ここまで説明してくると、失敗したときに体罰を含めて厳しく叱ったら次回に成果がでるというのは、因果関係ではなく、平均への回帰が観察されているだけなのだということを理解してもらえるだろう。

どうすれば私たちは、平均への回帰の罠《わな》に陥ることを防げるだろうか。そのためには平均への回帰という統計学的な考え方をしっかり理解することとしかない。科学的な分析をしないで、単なる経験だけで体罰の成果の因果関係を識別することは難しい。現場の指導者が、体罰の効果があると経験的に思い込んでしまうのも仕方ない。病気に対して様々な民間療法が多くの人に信じられているのも同じだ。普段よりも体調が悪いときには、何もしなくても次第に体調がよくなっていくはずだ。しかし、そのようなときに、本来は全く効果がない薬を飲んだり、効果のない処置を受けたりすると、あたかもそうした民間療法の効果があったように錯覚してしまう。

指導者や親が平均への回帰を正確に理解すれば、不幸な若者や子供はずいぶん減るはずだ。

5　仕事の「意味」と労働意欲

締め切りが近づいてあわてて仕事をする人は多いだろう。やるべき仕事が多いときに、モチベーションを高めるにはどうすればいいだろうか。逆に言えば、同じ給料で同じ仕事をする場合でもモチベーションが下がってしまうのはどんなときだろうか。

アメリカの行動経済学者ダン・アリエリーらが行った仕事の意味が労働意欲に影響を与えることを示す興味深い実験がある。[1] ハーバード大学の学生たちにレゴブロックのバイオニクルというキャラクターを組み立てる作業をしてもらった。一つのバイオニクルは40個の部品でできていて、組み立てるのに約10分かかる。

彼らは、組み立てたバイオニクルの個数に応じて賃金をもらった。最初の一体を完成させると200円、つぎの一体は189円と、完成させる数が増えるごとに11円ずつ金額が減っていく（ここでは便宜的に1ドル100円で換算）。ただし、20体以上作ったら、それ以降は一体あたり2円で一定になる。

もし、あなたが実験参加者ならバイオニクルをいくつ作るだろうか。10分で200円もらえるなら悪くない。でも、10分かけて2円ならもう作らないだろう。どこかで作ることをやめるに違いない。作ったバイオニクルがどのように扱われるかは、受け取れる賃金には無関係だ。でも、せっかく作ったものが目の前ですぐに壊されるとしたら、あなたのやる気は下がるのではないだろうか。研究者たちはそれを実験で確かめたのだ。

実験に参加した学生たちは、二つのグループに分けられていた。一つのグループでは、完成したバイオニクルが学生の前に並べられた。もう一つのグループでは、学生がつぎのバイオニクルを組み立てている間に、隣に座った係員が完成したばかりのものをすぐに崩してしまった。研究者たちは、最初のグループを「意味のある条件」、二つ目のグループを「シーシュポス条件」と呼んだ。後者はギリシャ神話の、神々を欺いた罰で、巨大な岩を山頂まで上げるように命じられたシーシュポスにちなんでいる。山頂にあと少しのところで岩が底まで転がり落ちてしまうので、際限のない苦行が続くのである。

この二つのグループでは、組み立てたバイオニクルの数が同じであれば、どちらも同額の賃金が支払われる。実験結果はどうだっただろうか。意味のある条件では、学生たちは、平均10・6体のバイオニクルを組み立て、1440円を手にした。一方、シーシュポス条件では、学生たちは7・2体しか組み立てず、1152円しか手にできなかった。つまり、バイオニクルを作ったことを実感できる状況なら努力をするが、すぐに壊されてしまって仕事をしたことが実感できない状況では、やる気が出ないのだ。

私たちは、仕事をしたことが実感できるとやる気が出る。逆に言えば、行っている仕事の意味や成果を感じられなければ、やる気が減退する。

仕事を一つ終えても、新たな仕事が入ってきて、残っている仕事が減らない状況にあるなら、シーシュポス条件と同じ状態だ。これではやる気が出ない。新たに入ってきた仕事はひとまず置いておき、仕上げた仕事の数がはっきりとわかるようにする。そうすれば、やり遂げた仕事の価値を実感できる。毎日仕上げるべき課題をリストアップして、それを終えたことを目に見えるように消していけばいい。進んだ仕事量をわかりやすくすることだ。ちょっとした工夫で、仕事の意欲を維持したい。

1　Ariely, Kamenica and Prelec（2008）

6　行動計画が悩みを減らす

1月や4月といった年や年度の切り替わりに、私たちは新しい目標を立てることが多い。目標を新たに立てる際に、過去の目標を思い返してみると、達成できたこともあるが、達成できていないことも多い。中には、毎回、同じ目標を立てているのに、達成できていない人もいるのではないか。

目標を立てても、達成できない原因はなんだろうか。努力はしたけれど運が悪かったということもあるはずだ。しかし、一番多いのは、目標は立てたけれど、行動が伴わなかったということではないだろうか。体重を減らすという目標を立てても、運動するとか、食事に気をつけるという行動がなければ、目標は達成できない。

どうすれば、目標と行動のギャップを埋めることができるだろうか。ちょっとしたことが大きな違いをもたらすことを明らかにした研究がある。[1] それは、具体的な行動計画を立てることである。つまり、新年の目標を立てて、初詣でで神様にお願いするだけではなくて、その目標達成のために、いつ何をどうしていくかという行動計画を立てるのである。

ある研究者らは、南アフリカの１１００人の若年失業者の職探し行動への介入実験を行って、具体的な行動計画の効果を検証した。職探しのためには、いくつかの行動をしなくてはならない。まず、求人広告を見たり、知人に仕事の紹介を頼んだりする。つぎに、求人企業に応募するための書類を作成し送付する。そして、採用面接に出かける。

研究者らは、失業者に一週間の職探し行動計画書の様式を埋めてもらった。計画書の様式には、月曜日から日曜日までの欄があり、その曜日ごとに何時にどんな行動をするかを書いてもらう。例えば、月曜日の午前中に新聞の求人欄を見るのであれば、何新聞の求人欄を見るかまで書く。火曜日の午後に履歴書を投函《とうかん》するのであれば、どの会社に投函するかを記入させる。その後、毎日の欄の数字を合計して、毎週何社の求人をチェックし、何社に応募書類を送り、何時間求職活動するかという目標を書いてもらう。その横に、その目標が達成できたかどうかをチェックする欄が設けられている。

これだけの作業をしてもらうだけで、応募書類の送付数は15％増加、採用提示が30％増加、雇用は26％増加という大きな効果があった。ところが、応募書類の送付数は増えたが、求職活動時間は変化していなかった。また、求職手段も友人・知人に相談するといったインフォーマルなものだけではなく、新聞やインターネットなど求人広告を利用するように手段を多様化させていた。つまり、具体的な計画を立てたグループの方が、効率的な職探しをしていたのだ。

なぜ、計画を立てることがそれほど効果的なのだろう。それは、行動計画を立てることで、複雑な課題が特定の行動に分解され、焦点を当てるべき目標とそれを達成するために必要なステップが現実的に理解しやすくなるためだと研究者たちは言う。目標達成に必要な具体的行動は何か、それをいつやるか、ということまで計画に書き込むようにすれば、そのときになって何をすればいいか悩む必要がなくなるのだ。

1 Abel, Burger, Carranza and Piraino (2019)

7 良い人間関係が生産性を高める

良い人間関係をもつことは、良い人生を送るために重要なのは誰でも知っている。多くの研究によれば、良い人間関係をもっている人は、幸福度が高いし、健康でもある。人間関係が良いことは生産性も高める。経済学では、所得を生み出す源泉を、機械や設備のような物的資本と人間の能力である人的資本だと考えてきた。しかし、生産性に影響するのは、この二つだけではない。ソーシャル・キャピタルすなわち社会関係資本も重要である。優れた機械と従業員に恵まれていたとしても、信頼できる取引相手を見つけることができなければ、生産性は高くならない。相手のことを信頼できなければ、安心して物を売ったり、買ったりすることはできない。不良品を売りつけられるのではないか、不当に高い値段を言ってきているのではないか、と疑うような間柄では、経済的な取引は成り立たないだろう。相手を信頼できるような社会で初めて、経済的な取引も活発になる。

よく知らない人のことを信頼できない、というような社会では、よく知っている人だけで、日常生活も経済活動も行っていくことになる。つまり深い人間関係の人だけで生活や仕事をすることになる。それはそれで、幸せなことかもしれないが、損失もある。

よく知っている人たちだけでの付き合いだと、安心はできるかもしれないが、自分が知っている情報と相手が知っている情報との間の差が小さい。つまり、よく知っている人とだけ付き合っていると新しい情報から得られるチャンスが小さいということになる。

例えば、仕事を探すときに、私たちは自分のよく知っている人に、仕事の紹介を頼むことが多い。自分のことをよく知っている人なら、自分に適した仕事を紹介してくれるだろう。よく知っている人を通じた紹介なら雇い主も安心するだろう。しかし、よく知っている人ならその人の知り合いも自分の知り合いである可能性が高く新しい情報は少ない。ここにトレードオフがある。

仕事を探すときに、よく知っている人（強い絆《きずな》）と知り合いだけれども少し遠い人（弱い絆）のどちらが有効なのだろうか。この疑問に答えたのが、アメリカの社会学者のマーク・グラノベッターである。[1]彼は、就職先を見つけた人の多くが、弱い絆にあった人たちから紹介されたという事実を発見した。つまり、自分の知らない情報をもっている弱い絆の方が職探しでは重要だというのだ。

人間関係と職探しの関連を調べるのは意外に難しい。もともと、どのような人間関係をもっていたのかを調べる必要があるからだ。インターネットのソーシャル・ネットワーク・サービスの発達で、これが可能になった。Facebook のデータを用いて、人間関係と職探しの関係を分析した研究がある。[2]その結果、グラノベッターの研究と同様に、多くの人は強い絆よりも弱い絆の一人から就職の手助けをしてもらっていた。それは弱い絆の人数が多いことが理由だった。つまり、グラノベッターの主張とはメカニズムが少し違っていたのだ。弱い絆が一人増えるよりも、強い絆の知り合いを一人増やす方が就職には効果的だったという。強い絆の人を一人増やすことは難しいかもしれないが、弱い絆の人を増やすことは簡単だろう。弱い絆の人が多ければ、いざというときに助けてもらえる可能性も高くなる。いずれにしても良い人間関係を築いておくことの重要性は変わらない。

1　Granovetter（1973）
2　Gee, Jones and Burke（2017）

8　ボトルネックを見つける

介護サービス施設では、介護需要が高まる一方で人手不足が深刻である。賃金がそれほど高くない上に、作業負担が重く腰痛などの健康悪化をもたらしやすいことも理由だ。人を相手にするものなので、機械化が進まず、生産性の向上がなかなか見込めない。

しかし、北九州市の先進的介護モデル事業は、介護労働にも生産性の向上の余地があることを教えてくれる。[1] この事業の特色は、きちんと効果検証をしていることである。まず、介護職員の作業観察を徹底的にした。作業内容と作業姿勢をタブレットで詳細に記録したのだ。従業員の身体的負担も計測している。その結果、身体的負荷の大きい作業と、そうでない作業とそれに要する時間まで明らかになる。どのような機器を入れると生産性や身体的負担が減るかが予測でき、実際にその効果が検証できる。興味深いのが、介護職員同士の情報共有や記録に多大な時間が使われていたことだ。職員がインカムという連絡マイクを身につけるようにしたところ、職員同士の会話が減り、介護職員と入居者の会話が大きく増加した。見守り機器の効果も大きい。こうしたことは、きちんと作業計測をして初めてわかったという。

ボトルネックを見つければ、生産性向上につながる。

1　北九州市「平成29年度の成果（機器別の効果）」https://www.city.kitakyushu.lg.jp/ho-huku/31600057.html

第五章　市場原理とミスマッチ

1　品不足になったマスクとトイレットペーパー

異なる原因で発生した品不足

2020年の2月末から4月上旬まで、スーパーマーケットやドラッグストアなどの店頭からマスクやトイレットペーパーがなくなった。これは、新型コロナウイルス感染症に備えるために、この二つの需要が高まったことが原因だ。マスクもトイレットペーパーも買い占める人が多く、店頭には商品がなくなったが、ネット上では高価格で転売されていた。転売で利益を得ようとして買い占めているのではないか、という批判が高まった。この批判に対応するために、政府も2020年3月15日から8月29日までマスクの転売を規制した。

マスクもトイレットペーパーも店頭から商品がなくなり、インターネットで高額で販売されたことは共通している。しかし、2つの商品の品不足は、全く異なる原因で発生していた。マスクの品不足は、日本国内での供給よりも需要が多くなったことが原因だ。新型コロナウイルス感染症対策として、例年よりも多くの人がマスクを必要としたため需要が増えた。一方で、日本で販売されている不織布マスクの生産拠点の中国での生産量は需要の増加ほどは急激に増やすことができず、日本国内での生産量もそれほど増加しなかった。

一方、トイレットペーパーは、新型コロナウイルス感染症対策としては需要量が増えるわけではない。国内の供給量も十分にあった。しかし、多くの人は、将来トイレットペーパーが手に入らなくなるのではないか、と不安に思っていつもよりも多く購入した。ある地域でそのような人が一時的に多く発生すると、当該地域のスーパーやドラッグストアからトイレットペーパーの在庫がなくなる。トイレットペーパーのロールは大きいので、スーパーやドラッグストアが、各店舗に多量の在庫を抱えておくのは効率的でない。そのため、トイレットペーパーの売り上げが少し増えると、店頭在庫がなくなるのは自然だ。

ところが、「将来、トイレットペーパーが手に入らなくなるのではないか」と不安に思って、買いに来た客は、その不安が実現しているのを見て、あわててしまう。「ひょっとしたらトイレットペーパーがなくなるのではないか」という不安が確信に変わるのだ。それで、より買い急ぐことになる。しかも、本当に自宅のトイレットペーパーの在庫がなくなってしまった人もいる。そういう人は大きな被害を受けた。トイレットペーパーの場合は、国内で生産されており、新型コロナウイルス感染症が流行したからといって、日本全国の使用量が増えるわけではないので、日本全国で品不足が発生するはずがない。それなのに、トイレットペーパーは品不足になったのだ。マスクとトイレットペーパーの品不足の原因の差がわかれば、その対策も異なってくる。

需要超過でマスク不足に

マスクの場合は、店頭の商品を買い占めて転売した人がいるからマスク不足になったのではない。店頭価格で購入したいという人の需要量が、その価格で販売されるマスクの供給量を上回ったことが原因だ。品不足が生じれば、価格が上昇して、需要と供給がバランスする、というのが経済学の教えだ。しかし、ドラッグストアでの店頭価格は上昇しなかったので、需要が供給を上回った状態が続いた。なぜ、店頭価格は上がらなかったのだろうか。

それは、メーカーや小売店側が、消費者の怒りを恐れているからだ。私たちは、原材料価格が上がったわけでもないのに、需要が上がっただけで値上げする小売店に対して不公正だと怒りを感じ、小売店に対して信頼感をなくす。そうした消費者の反応を小売店側が予想するから小売店はマスクを値上げできないのだ。その結果、本当にマスクがなくて困っている人がマスクを手に入れられなくなってしまう。メーカーの小売店に対する上限価格指示について、公正取引委員会も新型コロナの感染期においてマスク等については独占禁止法違反にならないとQ&Aで示した（2020年4月24日）。

では、経済学の予測が全く当てはまらなかったかというとそうではない。ネット上では、マスクが高額で取引されていた。対面販売で商店と顧客の顔が見えると、価格を上げにくいが、ネット上で匿名性が高ければ、経済学の予測どおりに価格がつけられる。匿名性が高く、一度限りの取引であれば、消費者側は高価格に腹を立て、その後、当該販売者から購入しないと決めても、販売者側は全く問題ない。

需要が増えたのに、マスクの供給量が増えなかったのはなぜだろうか。まず、マスクの輸入増加が困難になっていたので、国内生産を増やす必要があった。国内生産を増やすためには、設備を新たに増やさなければならない。しかし、コロナの感染がいつまで続くかわからない。もし、新型コロナウイルス感染症の流行が一時的なものであれば、設備投資をして生産を増やしても、近い将来にマスク需要が減少すると、設備投資を十分に回収できない。しかも、マスクの店頭価格を引き上げられないので、設備投資資金の回収はますます難しい。

仮に、マスクの店頭価格が引き上げられていたならば、マスクの増産に関わる費用を簡単に回収できたかもしれない。あるいは、不織布マスクの価格が高くなれば、布製のマスクを生産するメーカーも増えただろう。2020年の夏には、様々なマスクが市場に出回っていたが、店頭価格の上昇が早くに生じていたならば、多くのメーカーは不織布マスクの生産をもっと早くに決断していたかもしれない。

実際の日本政府の対策は、2020年4月からガーゼ製の布マスクを全世帯に2枚ずつ配布したことに加えてネットでの転売規制というものになったが、店頭価格の上昇に人々が嫌悪感をもたないようにするための情報提供も可能だった。例えば、供給不足のため、全国的にマスクの価格が上がっているという情報提供だ。すべての小売店でマスクが値上げされていることを知れば、消費者は特定の小売店で値上げされていても、不公正だと思いにくいだろう。

経済学的には、需要増加に伴う価格上昇を誘導して、供給を増やし、需要を減らすというのが望ましい政策だ。それでは低所得者は、マスクが買えなくなるという批判に対しては、再分配政策で対応するのが標準的な経済学の回答だ。2020年度は、一人当たり10万円の特別定額給付金が給付されたが、そうした再分配政策によって、低所得で値上がりしたマスクを購入できない人に対応するのだ。どうしても必要なものが値上がりすることの反感は大きいが、価格規制をしても、供給量が増加しないのであれば、根本的な解決にはならない。品不足による値上げを納得しない消費者を納得させることが難しいのであれば、全員にマスクを割り当てるという仕組みが必要だ。台湾政府は、マスクを個人番号に従って割り当てることで対応した。そのためには、マスク購入についての個人情報を政府が把握する必要がある。そうした方法を用いるのか、一括所得補助金とマスク価格の値上げという組み合わせを使うのか、それは私たちの選択だ。

予想が呼び起こしたトイレットペーパー不足

トイレットペーパーの不足への政策対応は、マスクとは根本的に異なる。トイレットペーパーが不足したのは、供給の絶対量が足りなかったためではない。小売店での在庫がなくなったことに対して、メーカーの倉庫からの配送が追いつかなかったことが原因である。よく消費者が非合理な行動をしたと批判されるが、個々の消費者が非合理であってもなくてもトイレットペーパーの買い占めによる品不足は発生する。他の人がトイレットペーパーの品不足を予想して普段より多くトイレットペーパーを購入すると、実際に店頭在庫がなくなるので、自分はトイレットペーパーの不足を予想していなくても必要となったときに購入できないことになる。そうすると、トイレットペーパーを今現在の必要以上に購入することになる。それが、店頭における品不足を発生させる。つまり、誰も自分ではトイレットペーパーが品不足になると予想していなくても、他の人がそのような予想をして過剰に購入するのではないか、と多くの人が予想するだけで、トイレットペーパーの品不足が実現するのである。これが予言の自己成就だ。

このような予言の自己成就がトイレットペーパーの品不足の原因であれば、その予想が間違っていることを人々に知らせることが効果的である。メディアは、当初、スーパーマーケットでトイレットペーパーが陳列棚から消えた映像を報道していた。これは、予言の自己成就を加速させるので、逆効果である。必要なのは、倉庫に多くのトイレットペーパーがあること、確実に将来小売店に配送されることを報道することである。

同じように品不足になったマスクとトイレットペーパーではあるが、その原因は全く異なり、適切な対策も異なるのである。品不足の際に値上げされるのは、誰もが不快ではあるが、その背景を理解すれば、少しは怒りも小さくなるかもしれない。

2 ラグビー日本代表と外国人労働者

ワンチーム

2019年の「現代用語の基礎知識選 2019ユーキャン新語・流行語大賞」の年間大賞は、ラグビー・ワールドカップ（W杯）日本代表のスローガン「ONE TEAM（ワンチーム）」だった。W杯の日本代表メンバー31人中15人が海外出身者で、出身国も6カ国にわたっていた。選手だけでなくスタッフもヘッドコーチのジェイミー・ジョセフ氏をはじめ、多くの外国人がいた。このような多様性をもった日本代表は、「ワンチーム」を合言葉に結束力を高めたと言われている。その結果、日本代表は史上初のベスト8進出という大活躍をみせてく

れた。

　そもそもどうしてこれだけ多くの外国人が、ラグビーの日本代表選手になれるのだろうか。もちろん、海外出身でも帰化した選手は、当然代表選手に選ばれてもおかしくない。ラグビーの場合には、「出生地が当該国」、「両親および祖父母のうち一人が当該国出身」、「当該国で3年以上、継続居住」（2022年からは、5年以上）という3つのうち少なくとも一つの条件を満たせば、当該国の代表選手に選ばれる資格をもっていることになる。これは、ラグビー代表が、その国のラグビー協会の代表として国際試合を戦っているからである。

　ラグビー日本代表の姿は、日本経済の将来の一つの方向を示している。それは、日本の人口減少が続くため、現在でも深刻な労働力不足を今後外国人で補う必要性が増してくるからである。実際、日本の人口は2020年からの10年間で620万人減少し、2030年からの10年間でさらに820万人減少すると予測されている。[1] つまり、2020年からの20年間で東京都の人口を失うことになるのだ。人口減少はその後も加速し、2050年までに2020年の人口から20%減少し、1億人程度になる。人口も減るのだから労働需要もその分減少するのではないか、という意見もあるかもしれない。しかし、人口が減るスピードよりも労働力人口が減るスピードの方が速いため、労働需要の減少よりも労働供給の減少が大きくなる。具体的には、性別、年齢別の労働力参加率が現在のままだと、労働力人口は現在の6700万人から2050年には5100万人へと約25%減少するのだ。つまり、人手不足が深刻になることは間違いない。

人口減少による労働力不足に対応するために、日本政府が取り組んでいるのが、女性の労働力率の上昇と、引退年齢の引き上げと、外国人労働者の受け入れ増加である。例えば、日本政府は2018年12月に、労働力不足に直面する分野に専門性をもつ即戦力の外国人のための新たな在留資格を設けた（特定技能制度）。この法律に基づいて、政府は2019〜24年に34万5150人の外国人労働者を受け入れることを計画している。もし、労働力人口の減少を外国人労働者で補うとすれば、1000万人を超える外国人を受け入れていく必要があるのだ。そこまで多くの外国人を受け入れなかったとしても、今までよりも外国人労働者が日本で多くなることは間違いない。

外国人労働者受け入れの影響

外国人労働者受け入れの経済的影響は、標準的な経済学ではどのように考えられているかを説明したい。外国人労働者を導入することは日本経済にとって望ましいことなのだろうか。これを考える上では、外国人労働者と日本人労働者が代替的なのか、補完的なのかを議論することが重要である。その際に、ラグビー日本代表を例にとるのがわかりやすい。まず、ラグビー日本代表に外国人選手が約50％参加したことで、明らかに日本代表チームの実力が向上した。その結果、ワールドカップで代表チームが活躍でき、多くの日本人ファンはラグビーというスポーツ観戦を楽しむことができ、日本人の満足度は向上した。ラグビー日本代表のスポンサー企業や関連産業の利潤も増加したと考えられる。

では、すべてのラグビー関係者は、外国人選手の代表加入によってメリットを得られただろうか。そうではない。外国人選手と代替関係にある選手は、代表選手になれなくなっているからだ。２０１９年のラグビー日本代表の海外出身者の比率は、ポジションによって異なる。フォワードでは、代表選手18人中11人が海外出身者であり、日本代表のフォワードの選手の約61%を占める。一方、バックスでは、13人中4人で約30%しか海外出身選手はいない。つまり、ラグビー選手の中でもフォワードの選手は、外国人選手と日本人選手の代替性が強い。一方、バックスの選手では、外国人選手との代替性は低い。バックスの選手は、スマートで俊敏な動きによって、パスを受けタックルをかわして、トライを決める。一方、フォワードの選手は、屈強な体で、スクラムを組み、タックルで相手の攻撃を防ぐ。

体格が重要なフォワードの選手は、海外出身選手が有利である一方、俊敏性が重要な資質であるバックスの選手では、日本人選手の活躍の機会がある。外国人選手が日本代表に選ばれることで、大きな損失を被ったのは外国人選手がいなかったら日本代表になれたはずの日本人のフォワード選手たちだ。一方、大きなメリットを受けたのは、優秀な日本人のバックス選手たちだ。フォワードの選手の能力が低かったとすれば、国際大会ではスクラムで押し負けて、バックスまでボールが回ってこないため、バックスの選手が優秀であっても活躍できなかったはずだ。しかし、フォワードとバックスは補完的なため、外国人選手がフォワードに加入することで、バックスの選手はワールドカップでトライをあげて大活躍することができた。もし、外国人のフォワード選手がいなかったとすれば、バックスの福岡堅《ふくおかけん》樹《き》選手や松島幸《まつしまこう》太《た》朗《ろう》選手は、あれほど多くのトライをあげて活躍することはできなかったはずだ。

つまり、ラグビーにおける外国人選手の増加は、日本チームを強くする効果があった。しかし、彼らと代替的な技能をもっていた日本人のフォワードの選手にとっては、代表入りのチャンスが少なくなる損失をもたらしたのだ。一方で、彼らと補完的な技能をもっていた日本人のバックスの選手に対しては活躍の場を大きくするメリットをもたらしたのである。

同じことは日本経済全体にもあてはまる。人手不足で生産量を上げられず、思うように利潤が増えていなかった企業にとって、外国人労働者の導入は、賃金コストを引き下げて人手不足を解消し、生産量を増やし、利潤も増加させる。企業にとってはいいことずくめである。しかし、労働者の側に立ってみると、外国人労働者と同じような技能をもっていた日本人労働者は損失を受けるのだ。外国人が入ってこなければ人手不足で高い賃金が得られたのに、外国人が入ってきたことで、労働条件が悪化したり、仕事を失ったりする。ただし、労働者全体が、外国人労働者の導入で損失を被るわけではない。外国人労働者と補完的な技能をもっている日本人労働者にとっては、外国人労働者が入ってくることで自分の仕事の生産性が向上し、賃金も上昇するのだ。ちょうど、ラグビー日本代表のバックスの選手が、強くなったフォワードのおかげで大活躍できたのと同じである。

増やす際に考えるべきこと

外国人労働を増やす際に、日本人の多くがその恩恵を被るためには、日本人が外国人労働者とは補完的な技能を身につけることが必要である。ラグビー選手で考えてみると、日本人選手の育成段階で、フォワードの選手は外国人選手と同等以上の活躍ができる選手でない限りは、フォワードの選手として育成せず、できるだけ外国人選手と補完的なバックスの選手の育成に集中すべきということになる。そのような指導をしなくても、ラグビーの日本代表を目指す選手たちは、バックスの選手に集中するようになるかもしれない。スポーツに限らず教育訓練にしても、外国人労働者と補完的な仕事につけるような能力の育成が重要だろう。日本人とのコミュケーションが重要な仕事であれば、日本人労働者が比較優位をもっている。

実は、外国人労働者と補完的な能力を身につけるという考え方は、技術革新への対応でも同じである。人工知能やITという技術革新は、定型的な仕事や予測を必要とする仕事を大幅に人間から機械に置き換えていく。つまり、それらの仕事は、人工知能やITの得意な仕事と代替的なのだ。人工知能と補完的な仕事は、人工知能が苦手な仕事だ。豊富なデータをもとに予測するのは人工知能が得意とする分野だが、限られた情報しかない場合に、適切な予測をする能力や人工知能が出してきたデータをもとに意思決定をする能力は、人間の方が優れている場合が多い。つまり、ビジネスでの意思決定の多くは、人工知能とは補完的な能力が求められるのである。といっても、技術革新のスピードは速く、少し前までなら機械では不可能だった仕事も、どんどん機械でできるようになっていく。それでも、人間にしかできない仕事も生み出され続けていく。私たちは、常に他人や機械に代替されないような技能を身につけるために、学び続ける必要があるのだ。そのことを、ラグビー日本代表の選手たちが教えてくれている。

1　国立社会保障・人口問題研究所（2017）

3　誤解されてきたアダム・スミスの「国富論」

教科書の説明

アダム・スミス（1723―1790）は近代経済学の父と呼ばれている。1776年に出版された彼の主著『国富論』は、分業、自由放任についての理論的分析や「神の見えざる手」としての自由競争のよさを唱えたものとして有名である。小さな政府や規制緩和を主張したので、企業の側の論理と近いと思っている人が多いのではないか。しかし、『国富論』を読めば、そのような私たちの理解とずいぶん異なっていることに気がつく。『国富論』では、企業はすぐに独占的な市場を作ろうとして、独占的な取引ができるように政府に働きかけ、労働者の賃金についてもできるだけ低く抑えるように企業同士で共謀しがちだと繰り返し指摘されている。企業の独占や共謀を防ぐことが重要だと書かれているのだ。企業にとっては、耳の痛い話ばかりなのである。どうして、『国富論』に書いてあることと、私たちの理解の間にこれほどの違いが生まれたのか不思議なほどだ。

このようなアダム・スミスに関する私たちの間違った理解は、教科書の記述にも原因がある。例えば、日本で一番よく使われている高校の政治経済の教科書（東京書籍）の2011年版では、つぎのように説明されていた。「アダム・スミスは、経済活動の目的は金銀など貴金属の蓄積にあると説く重商主義を批判し、労働の生産物である商品こそが富であると主張した。そして、私利私欲を追求する個人や企業の自由な経済活動は社会の秩序に反するどころか、かえって神の「見えざる手」に導かれて公共の利益を促進し（予定調和）、市場での取り引きは遠方の見知らぬ人々どうしを結びつける役割を果たすことをスミスは説いた。スミスによれば、経済に対する国家の介入は自由競争を制限し、市場の働きを損ねる。国家（主権者）が配慮すべき義務は国防、司法制度、公共事業と公共施設の配置の三つに限られるべきだというのが彼の主張であった。このようなスミスの国家（政府）観は、「夜警国家」、「小さな政府」、「安上がりの政府」などとよばれ、19世紀資本主義の基本的な国家観となった」

清水書院の政治経済の教科書では、「産業革命の初期にいち早く資本主義経済の特徴を理論的に明らかにし、分業と自由競争の利点を主張したのが、アダム＝スミスである。彼は、著書『諸国民の富（国富論）』のなかで、労働が価値を生むという説にもとづき、個人が利己心を自由に発揮して活動すれば、「見えざる手」によって社会の調和が確保され、全体の利益も増大すると述べた。さらに、従来の重商主義的な保護政策に反対し、自由放任の政策を唱えるとともに、国家は国防や治安維持など必要最小限度の仕事をするべきであるという、いわゆる「安価な政府」も主張した。このスミスの主張は、当時の市民階級、なかでも工場経営者である産業資本家の主張を代弁するものであった」と説明されていた。

どちらも企業や産業資本家の自由な経済活動が望ましく、彼らの主張を代弁するものだと書いてあったのだ。

実際の『国富論』

『国富論』では、自由競争にすることが重要だとは書かれているが、市場に任せておけば競争が自然に働くとは書かれていない。企業は常に独占や談合をする傾向があるため、市場競争を活発にすることが重要だという主張なのである。いわば、公正取引委員会がしっかり仕事をすることの重要性を訴えたと言える。労働者の交渉力の弱さも指摘しているので、労働者が交渉力をもつことの重要性も指摘している。

一般の人のアダム・スミスの理解は、彼が自由放任を主張した結果、企業の主張が通り、その結果、労働者が困窮することになり、あちこちで独占が生じたために資本主義が問題を起こしたというものではないだろうか。しかし、アダム・スミスが問題にし、『国富論』で伝えたかったことは、独占があちこちで起こっていること、労働者は団結できないので買い手独占が起こって賃金が最低限に抑えられているという問題だったのだ。

多くの人は、政府による再分配政策としてセーフティネットを敷くという大きな政府に対立する概念として自由競争を考えているのではないだろうか。しかし、アダム・スミスが敵視しているのは、貿易を東インド会社に独占させたり、企業が結託して労働市場で低賃金にするように談合をしたり、特定の組合に入らないと仕事ができないようにしたり、といった市場が適切に機能しない状態である。それよりも競争市場の方がいいということを主張しているのだ。

少し具体的に紹介してみよう。『国富論』の第1編第7章には、「独占価格はいつでも、売り手が獲得できる最高の価格である。これに対して自然価格、つまり自由競争による価格は、売り手が受け入れられる最低の価格である（中略）。独占価格はいつでも、買い手からしぼりとれる最高の価格、買い手が同意すると考えられる最高の価格である。自然価格は売り手が一般に受け入れることができる最低の価格、事業を継続できる最低の価格である。／同業組合の特権、徒弟法など、ある種の職業で競争を少人数に限定する法律も、独占ほど強くはないが、同じ影響を及ぼす」と独占の弊害が書かれている。[1] 企業は市場を独占する傾向があり、市場が自然な自由競争から離れてしまう。さらに企業が独占できるように国家に働きかけ、国がそれに応じることで独占の問題が深刻化すると指摘している。企業にとっていちばん都合がいいのは独占である。しかし、より自由な競争になるように政府はすべきで、企業が独占できるようにしたいと願い出てきても国は頼みを聞いてはいけないというのが『国富論』の主張なのだ。

また、第1編第8章の「労働の賃金」という箇所には、つぎのような文章がある。まずは、労使で賃金について利害の対立があることを説明する。「労働の普通の賃金はどこでも、通常、労働者と雇い主の間で結ばれる契約によって決まり、両者の利害はまったく一致していない。労働者はできるかぎり高くしたいと望むし、雇い主はできるかぎり低くしたいと望む。労働者は賃金を引き上げるために団結しようとし、雇い主は賃金を引き下げるために団結しようとする」。その後、どちらの交渉力が高いかというと、「雇い主は人数が少ないので、団結するのがはるかに容易だ」ということで、雇い主の方が、高い交渉力をもっていることを指摘する。

「労働者の団結の話はよく聞くが、雇い主が団結した話はめったに聞かないといわれる。しかし、だから雇い主が団結することはめったにないと考えるのであれば、雇い主について知らないというだけでなく、世間を知らないというべきだろう」とはっきり言っている。「雇い主はいつでもどこでも、暗黙のうちにではあるがかならず団結して、労働の賃金を引き上げないようにしている。この団結をやぶるのはどこでも、最悪の行動だとされ、地域や仲間の間で恥とされている。雇い主の団結の話をめったに聞かないのは、それが普通であり、自然の状態ともいえるものなので、誰も話題にしないからだ」とさえ、述べている。自由競争が激化したために労働者が困窮したというストーリーとは全く違う。つまり、アダム・スミスは、労働者はなかなか団結できないものだ、むしろ企業側が買い手独占になって賃金を買い叩《たた》いているのが普通だと言っているのである。当時は労働組合もなかったので、労働者が団結して企業に賃上げを要求することがすごく珍しかったため、すぐニュースになった。企業側が談合しているのがあまりニュースにならないのは当たり前過ぎるからだという話なのだ。アダム・スミスが企業家の主張を代弁したと思っている方には、意外ではないだろうか。

雇い主については、こんな記述さえある。「雇い主の利害はつねに、社会全体の利害とは何らかの面で違っており、正反対ですらある。雇い主にとってはつねに、市場を拡大し、競争を制限すれば有利になる。市場の拡大は社会全体にとっても有利になる場合が少なくない。

だが、競争の制限はつねに社会全体の利害と対立し、雇い主が利益率を自然な水準より高めることによって、自分たちの利益のために他のすべての人に不合理な税を課せるようにする結果になる。雇い主の階級が商業に関する新しい法律や規則を提案した場合には、かならず十分に注意すべきであり、時間をかけて注意深く検討した後でなければ、それも細かい検討にとどまらず、最大限疑い深く検討した後でなければ、採用すべきではない。こうした提案は、社会全体とは利害が一致することがない階級からだされたものであり、この階級は一般に、社会全体をあざむき、ときには抑圧することにすら関心をもっていて、このため、実際に何度も社会全体をあざむき、抑圧してきたのだから」。競争市場は大事だが、雇い主は、常に競争を制限したがるということだ。

分業の利益

現代の経済学者とアダム・スミスでは使う言葉が同じでも話の中身が違うのは、「分業の利益」についてである。現在の経済学者が分業の利益は何かと聞かれたら、「比較優位」、つまり、人々がいちばん得意なことに特化することで社会全体が利益を得ることだと説明する。しかし、比較優位はデヴィッド・リカード（1772―1823）が提唱したので、『国富論』には出てこない概念である。アダム・スミスは分業の利益について第1編第1章でピンの製造工程の例を挙げて述べており、ポイントは三つあると指摘している。一つは労働者が特化できることである。一つのことを一生懸命やるから労働者の技能が向上する。二つ目は、複数の作業をしようとすると作業と作業の間に時間がかかるけれど、違うことをしないで一つのことをすると時間が節約できる、つまり固定費の節約ができるということである。さらにもう一つは、労働者の技術が向上しイノベーションが促進できる。どれも現代の経済学で重視されていることに近い。一つ目の学習を通じた技能の向上はLearning by doingと経済学で呼ばれている。二つ目は隙間時間の節約ということで、「規模の生産性」のことである。三つ目は技術革新のことで、これは長期的な成長をもたらす。このようにスミスの言う「分業の利益」は、成長との関わりが非常に強い概念となっている。現代の企業成長論とか内生的経済成長論（経済成長の源泉をイノベーションを生み出す研究開発投資や経済活動から生まれる「学習効果」に求める理論）に近い考え方である。2018年にノーベル経済学賞を受賞したアメリカの経済学者ポール・ローマーの理論はアダム・スミスの分業の利益を現代的な経済成長理論で表現できるようにしたと言われている。

「見えざる手」

『国富論』といえば有名なのは「神の見えざる手」という表現である。しかし、この表現は、

『国富論』では一箇所しか出てこない。しかも「神の見えざる手」の「神の」というのはそこには書かれていないのである。

そのたった一箇所の「見えざる手」という語句が含まれる文章は、抽象的には、現代の経済学者が厚生経済学の基本定理として理解しているのと同じことを意味している。具体的には、「人はみな、自分が使える資本でもっとも有利な使い道を見つけ出そうと、いつも努力している。その際に考えているのは、自分にとって何が有利なのかであって、社会にとって何が有利かではない。だが、自分にとって何が有利かを検討すれば自然に、というより必然的に、社会にとってもっとも有利な使い道を選ぶようになる」というものだ。「それによって、その他の多くの場合と同じように、見えざる手に導かれて、自分がまったく意図していなかった目的を達成する動きを促進することになる。そして、この目的を各人がまったく意図していないのは、社会にとって悪いことだとはかぎらない。自分の利益を追求する方が、実際にそう意図している場合よりも効率的に、社会の利益を高められることが多いからだ。社会のために事業を行っている人が実際に大いに社会の役に立った話は、いまだかつて聞いたことがない」（傍点引用者）。

つまり「利己心だけに基づいた競争市場で社会全体の利益が達成される」ということを意味している。文章自体はそう表現されている。ただ、これが述べられている場面は現代の経済学者の理解と若干違っていて、「国内で生産できる商品の輸入規制」について議論しているところである。輸入規制をすれば国内産業は良くなるように見えるが、そうではないということを議論している。貿易が自由化されると皆が儲かる海外に投資するという形でお金を使おうとするから国内が豊かにならないという批判があり、それに対して、いや、神の「見えざる手」で国内が豊かになると説明しているのだ。

興味深いのは、実はこれが「フェルドシュタイン＝ホリオカ・パラドックス」と関係していることである。「フェルドシュタイン＝ホリオカ・パラドックス」とは、グローバル化が進めば、国内貯蓄と国内投資は無関係になるはずだけれど、各国の国内貯蓄と国内投資には相関関係が存在するというフェルドシュタインとホリオカが発見した逆説的な事実である。国内貯蓄が多くても、投資家は世界中で一番儲かるところで投資を行うはずだから、国内投資が増えるとは限らないというのが経済学の基本的な考え方であり、まさにそれがアダム・スミスが批判されたポイントだった。それに対してアダム・スミスは、放っておいても皆、国内に投資すると反論する。なぜなら、外国は物を運ぶのも大変だし、騙《だま》される可能性も高い。そういう取引コストが結構あるから、皆できるだけ国内に投資したいと考える。だから放っておいても投資家や起業家は国内に投資するので国内が豊かになるという反論だ。このことを、「見えざる手」と表現したのだ。

競争市場のメリットを説明する文章として「見えざる手」が含まれる文章だけを抜き出せば、今でもそのまま教科書に使える文章になる。しかし、もとの文章での文脈は全く異なる。アダム・スミスがなぜ自由競争の重要性を主張しているかを、私たちは改めて知っておくべきではないだろうか。それは、貿易にしても、産業にしても労働市場にしても、すべて独占がまかりとおっているという現実に対して、独占の弊害を説いているのだ。アダム・スミスが敵視しているのは、貿易を東インド会社に独占させたり、企業が結託して労働市場で低賃金にするように談合をしたり、特定の組合に入らないと仕事ができないようにしたりといった独占で、それよりは競争市場の方がいいということを主張している。このことは、現代のインターネットを使った知識集約的産業を中心として生じている独占状況にも当てはまる。製造業では、製造設備を大きくすることには限界があるのでどうしても独占力が強くならなかった。工場労働では、労働組合を作りやすく、労働者は交渉力を高めることができる。しかし、ソフトウェアやプラットフォームを中心とした知識集約的産業では、同じものをコストをかけないで無限に多く作れるため、市場を独占することが生じやすく、労働者は団結することが難しい。

自由貿易の負の側面への対応

『国富論』では、自由貿易が引き起こす負の側面にも触れている。「自由貿易を再開すれば、多数の人が一度にそれまでの職を失い、生計の道をたたれるはずだが、だからといって仕事がなく生活できない状態にはならないだろう」というのだ。

戦争が終わったときに兵士でさえ仕事を見つけることができた。製造業の労働者は怠惰と放蕩《ほうとう》の生活に慣れた兵士よりも勤勉と勤労に慣れているので、別の産業に容易に移ることができると指摘する。当時、兵士は除隊になると、どの職業にでもつける自由が与えられた。「職業選択の自由という自然な権利を、兵士と同様に全国民が回復するようにすれば、言い換えれば、自然な自由をまともに侵害する二つの制度、同業組合の排他的特権と徒弟法を廃止し、さらに居住法を廃止して、貧しい労働者がある職種、ある地域で職を失った場合に、別の職種か別の地域で自由に職を探せるようにし、そのために訴追されたり追放されたりする恐れをなくせば、ときおり製造業のある部分で大量の職が失われても、大量の兵士の除隊のときより、社会と個人が受ける打撃が小さくなるだろう」というのが自由貿易による負の側面へのアダム・スミスの回答だ。

人間の能力についての見方

『国富論』の第1編第2章には「個人ごとの天分の違いは実際には、考えられているよりはるかに小さい」という表現がある。「成人に達した人をみると、職業によって天分に大きな違いがあるように思えるが、これはたいていの場合、分業をもたらす原因というより、分業の結果である。たとえば、仕事の性格がまったく違うと思える学者と荷かつぎ労働者の差は、生まれつきの天分よりも習慣や教育の違いによるものだと思えるだけでなく、「学者は虚栄心から、荷かつぎ労働者と似た点があるなどとは認めたがらなくなる」とまで指摘している。「個人の能力」にはそれほど差がないという価値観が明確に示されている。様々な職業があるから能力の差が現れるのであって、その逆ではないという話だ。似た議論は、第4編第9章に、奴隷が創意工夫をしない理由について述べられたところにもある。「奴隷が創意工夫の才能を発揮することはまずない。機器や道具、仕事の仕方や配分を改良して労働を容易にし節減する重要な発明は、すべて自由人によるものである。奴隷がこのような改良を提案しても、主人はたいてい、仕事を怠けようとしている証拠であり、主人に費用を負担させて仕事が楽になるようにしたいのだろうと考える」。つまり、奴隷が創意工夫をしないのは、インセンティブがないからであって、能力が低いからではない、というのだ。たとえば、テレビが発達してメジャーリーグやサッカーの試合が世界各国に放映されることがなければ、選手の所得は今ほど上がらなかったはずだ。野球やサッカーが上手になれば、莫大《ばくだい》な所得が得られるので、上達するインセンティブがあるのだ。そのようにして専門に特化して、どんどん強い人が出てきたのが現代社会である。それを十八世紀の段階でアダム・スミスは指摘していたのである。

小さな政府でも教育は重要

政府の役割は最低限のものにすべきという、『国富論』で述べられた「小さな政府」の主張は、政府は国防、司法、道路などの社会資本だけに関わるべきという意味に理解されることが多い。しかし、アダム・スミスは、教育機関と宗教団体への経費も国が負担してもいいと言っている。彼の視点は、社会全体の利益になるかどうか、という判断基準である。教育は理解できるかもしれないが、宗教団体はなぜ、と思われるかもしれない。アダム・スミスは、宗教教育を生涯教育として考えていたので、社会全体の利益があるとみなしているのだ。もっとも、そうした教育によって便益を受ける本人がその経費を負担できるか、教育が必要だと考える人の寄付で賄えるのであれば、その方が望ましいと指摘しているのがアダム・スミスらしい。

ただし、大学にはなかなか厳しい見方をしている（第5編第1章）。まず、「どの職業でも、大部分の人がどこまで努力するかは、努力する必要がどこまであるのかにかならず比例する」という観点から、大学教員が固定給を受けていたら、「誰にとっても、できるかぎり楽に生活することが自分の利益になる」ので「許容される範囲でできるかぎりいい加減に義務を果たすのが、誰にとっても利益になる」という。そのため、それぞれの教員が学生から直接授業料をとるほうがいいと言うのだ。「教師を支配する権力が大学やそのカレッジにあり、教師自身もその一員だし、他の人たちも大部分が教師か、教師になるべき人であれば、全員が共通の利害を大切にし、互いにいい加減な態度を許しあい、自分が義務を怠るのが許されるのであれば、他の教師が義務を果たさなくても許容する姿勢をとるようになるようだ。オックスフォード大学では教授の大部分は長年にわたって、教える振りをすることすらまったく止めている」と、アダム・スミスは自身が中退したオックスフォード大学には厳しい指摘もしている。

「大学やカレッジの規則は一般に、学生の役に立つように作られているのではなく、教師の利益のために、もっと適切な言い方をすれば、教師が楽をできるように作られている。その目的はつねに教師の権威を維持することにあり、教師が義務を怠っていても果たしていても、最大限の熱意と能力を発揮して義務を果たしているかのように教師に接するように学生に義務づけることにある」という批判は、大学教員として反論もしたいところだが、一部に真実も含まれているのが残念だ。

4　最低賃金の引き上げは所得向上につながるか？

引き上げに賛成・反対？

最低賃金の引き上げほど、賛否両論がある政策は少ないのではないか。まず、多くの労働者は、最低賃金の引き上げに賛成だろう。一般には、労働者側は賛成で、経営者側は最低賃金の引き上げに反対だ。

まず、最低賃金近辺で働いている労働者は、最低賃金が引き上げられると自分の賃金が引き上げられることを期待して賛成するだろう。また、引き上げられた最低賃金よりも高い賃金をもらっていた労働者も賃金引き上げの恩恵を受けることが多い。引き上げ以前の最低賃金水準の賃金をもらっていた労働者であるAさんが最低賃金の引き上げで、引き上げ前から新しい最低賃金水準の賃金をもらっていた労働者であるBさんと同じ賃金をもらうことになると、Bさんの労働意欲が下がる可能性がある。そのため、最低賃金の引き上げに従って、全体的な賃金スケジュールが改定されることになる。これは、経済学ではスピルオーバー

（漏出）効果と呼ばれているものだ。

一方で、労働者の中には損失を被るものもいる。新しい最低賃金よりも生産性が低い労働者の中には、雇用契約を打ち切られるものも出てくるだろう。同様に、新しい最低賃金より高い賃金をもらっていた労働者でも、スピルオーバー効果で高まった賃金が本人の生産性よりも高い場合は、雇用契約を打ち切られる可能性がある。雇用契約を打ち切られない場合でも、労働時間を短く制限される可能性もある。どちらにしても、このグループの労働者は損失を被る。

では、経営者側はどうだろうか。今まで生産性に見合った賃金を労働者に支払っていたとすれば、最低賃金の引き上げの影響を受ける労働者をそのまま雇用することはできない。新しい賃金に対応するように雇用量を減らすことになり、それにしたがって生産量も減らすことになるので、利潤も減少する。一方、もともと労働者の生産性より低い賃金しか払っていなかった場合には、最低賃金が引き上げられても利潤は減るかもしれないが雇用を継続することができる。

企業によっては、もともと最低賃金水準の労働者を雇用していない場合もある。こうした企業は最低賃金引き上げの影響を受けないだろうか。実は、マイナスの影響とプラスの影響の両方が考えられる。マイナス面としては、最低賃金水準の労働者を雇用している企業から原材料やサービスを購入している場合は、価格上昇に直面して利潤が減少する可能性がある。プラス面としては、最低賃金水準の労働者を雇用している競争相手の企業の生産量が低下したり、競争力が低下したりすることで、より高い生産性の労働者しか雇っていなかった企業の競争力が高まる可能性がある。つまり、最低賃金の引き上げで、労働側が得をして、企業側が損をするとは一概には言えないということだ。

2019年経済財政諮問会議の提言

2019年5月14日、成長と分配の好循環を目指すために、経済財政諮問会議では最低賃金の引き上げが議論された。具体的には、民間の有識者議員提出資料で、「引き続き、経済成長率の引上げや生産性の底上げを図りつつ、最低賃金の力強い上昇を実現していく必要がある。この3年の最低賃金は年率3%程度を目途として引き上げられてきた。景気や物価動向を見つつ、最低賃金については、政府の取組とあいまって、より早期に全国加重平均が1000円になることを目指すべき」という提言を行っている。

その理由として、「最低賃金の引上げは、直接的な賃金の押上げだけでなく、パート労働者等を中心とした賃金の底上げ効果を通じて、消費をはじめとする需要拡大に貢献している。特に労働市場が買い手独占にあるなど労働者の交渉力が弱い場合、その効果は顕著である。

さらに、人手不足の環境の下、労働市場の広範にわたって間接的な賃金押上げが期待され、こうした流れを後押しする必要がある。また、デフレ脱却がなかなか進まない中、最低賃金引上げは、賃上げや物価の上昇に向けた「期待」に働きかける効果も大きいと考えられる」というものをあげている。この議論を踏まえて、最低賃金の引き上げは2019年の「経済財政運営と改革の基本方針」（いわゆる「骨太の方針」）に盛り込まれることになった。

経済財政諮問会議では、最低賃金の引き上げが賃金上昇効果を通じて所得を増やし、消費を活性化させるので景気上昇に効果があること、将来物価が上がるという期待が生じることで早めに消費することを選ばせるという消費増加効果もあるという。労働市場で買い手独占になっている場合には、労働者が生産性よりも低い賃金しか受け取っていないので、最低賃引き上げが雇用削減をもたらさず、需要拡大につながるというのだ。

雇用を減らしてしまうのか？

多くの日本の実証研究は、最低賃金の引き上げが雇用を減らすことを示してきた。特に、若年男性の雇用・就業を減らしたり、高齢男性の雇用を減らし自営業への移動を増やしたりするというマイナスの影響を見出《みいだ》した研究が多い。[12] これは、労働市場が競争的であることを前提とした経済学の予測と整合的である。これらの実証結果からは、最低賃金の引き上げは、雇用に悪影響を与える可能性が高いと言える。

一方で、最低賃金が雇用に与える影響は労働市場の状況によっては一律ではないという奥《おく》平寛子《だいらひろこ》氏らの研究もある。[3] この研究においては、労働者が追加的に一時間多く働いたときに生み出される価値（労働の限界生産性）と賃金の間に乖離《かいり》がある企業、すなわち直面している労働市場が競争的ではない企業では、最低賃金の引き上げは雇用を減らさないという結果が得られている。一方で、労働の限界生産性と賃金が一致しているような企業では最低賃金の引き上げが雇用を減らすという伝統的な経済学の予測と整合的な結果が得られている。東京では、労働市場が競争的な企業が多いが、地方では労働市場の競争度が低い企業が多いことが示されている。

奥平氏らの研究は、近年の日本の賃金分布の形状の変化と対応しているとも言える。日本の賃金分布は最近、最低賃金付近で働く労働者が、その周辺の賃金で働く労働者よりも突出して多いというスパイクと呼ばれる分布の集中が観察されるようになってきた。このスパイクの発生理由はいくつか考えられるが、労働市場が競争的でないことを示している可能性がある。特に、地方では賃金分布で最低賃金付近でのスパイクが観察されることが多い。[4] 最低賃金が競争的な賃金水準に近づいてきたことが、逆に、最低賃金を暗黙の共謀のためのフォーカル・ポイント（注視点）として企業が利用しやすくなった可能性がある。フォーカル・

ポイントとは、雇用主が賃金を低く抑えようとする際に、設定する水準として意見が暗黙のうちに集中する金額のことだ。東京の渋谷で待ち合わせと言えば、ハチ公前をみんなが考えるのは、ハチ公前がフォーカル・ポイントになっているからだ。

労働市場の買い手独占の程度が大きいかどうかを検証するには、奥平氏らのように、限界生産性と賃金の乖離を計測することが望ましい。賃金分布において最低賃金付近に賃金が集中しているスパイクが存在することはその傍証になりうる。最低賃金の引き上げが、雇用減少を伴わないで賃金のスパイクを発生させたことを示した研究[5]は低賃金の労働市場が買い手独占になっている可能性を示している。

競争的な労働市場を前提として、人々の生産性が固定的な場合であれば、賃金分布は労働生産性の分布と一致する。このとき、最低賃金が引き上げられると、以前の最低賃金から新しい最低賃金の間の賃金の人たちが解雇されるだけで、最低賃金の付近でスパイクが発生することはない。

しかし、賃金分布にスパイクが存在するからといって、すぐに労働市場が買い手独占の状況にあるとは言えない。競争的労働市場でもスパイクの発生を説明することはできる。第一に、労働市場が様々な仕事で分断されていて、それぞれの市場において限界生産性が低減するような状況を考える。このとき、ある市場で最低賃金が引き上げられると、その市場で雇用は失われるが最低賃金のところで雇用されるようになる。別の労働市場でも以前の最低賃金と新しい最低賃金の間の賃金が成立していた市場ではすべて同じことが発生するため、新しい最低賃金のところでスパイクが発生する。この場合は、限界生産性と賃金は等しいという競争的な労働市場の条件は満たされている。

第二に、最低賃金が引き上げられた場合に、限界生産性が変わらない場合、最低賃金を上げた分だけ福利厚生費や訓練費を引き下げて、実質的な賃金を一定にしている場合もある。実際、最低賃金の引き上げが従業員の訓練費を減少させていたことを実証的に示した研究がある。[6]

一方、買い手独占的状況であれば、スパイクは説明できる。純粋に地域に雇用主が一人というような買い手独占状況はなくても、労働市場に何らかの摩擦を考えれば買い手独占状況と同じような状況になる。職探し理論に基づいて、スパイクの存在を説明した研究がある。[7]職探し理論では労働市場にサーチ費用などの摩擦があると、企業からみた労働供給関数が右上がりになり、企業は採用数を減らして賃金を引き下げることが利潤最大化につながる。この場合には、最低賃金が引き上げられると最低賃金の水準を支払うことで採用数を増やすことが利潤最大化になる。

最低賃金が独占的競争をしている企業の間で共謀を引き起こすフォーカル・ポイントにな

るため、スパイクが発生すると説明する研究もある。[8] 最低賃金が市場賃金よりもはるかに低かった時期では、最低賃金を提示することは、社会規範に反すると考えられるため、最低賃金を暗黙の共謀の指標にすることはできなかった。しかし、現在の日本のように、最低賃金が未熟練労働者の市場賃金にある程度近づいてくると、最低賃金を提示することは社会規範から逸脱しなくなった。むしろ、コンビニのアルバイトの時給のように最低賃金を支払うことが未熟練労働者にとっては普通のことになっている。人手不足を解消するために時給を上げるという選択をするよりも人手不足のまま最低賃金を支払う状態の方が大きな利潤を得られるという状況を維持しているとも考えられる。日本では最低賃金を支払っておけば、社会規範を守っていることになるという状況になっているのではないか。もしそうなら、本来最低賃金以上の賃金が支払われるべき人の賃金が最低賃金に抑えられてしまうという企業間での暗黙の共謀が働くようになっているのかもしれない。

人材引き抜き防止契約

最低賃金の引き上げが、労働市場にどのような影響を与えるかについては、日本の実証研究の結論の多くは、雇用にマイナスの影響を与え、格差対策としても有効ではない、というものである。しかし、労働市場の競争度が低い地域では、最低賃金の上昇が雇用にマイナスの影響をもつ可能性は低いという研究も出てきており、近年の賃金分布からもその可能性は示唆される。労働市場において買い手独占が成り立っているか否かを最低賃金の引き上げの指標にしていく必要性がある。

通常、競争社会という言葉には否定的な意味がついて回ることが多い。弱肉強食とか利己主義と一緒に使われる。助け合う社会の対極だ。しかし、一歩間違うと共謀が発生することになる。最低賃金が有効かどうかは、労働市場が競争的かということと大きく関わっている。仕事でも競争が厳しければ、もっと安い賃金で同じ仕事をする人がいるので、賃金が切り下げられていく。そういう意味では、労働者にとって競争は悪で、団結することが賃金を高くする上では重要だ。

一方、労働者の賃金を高く維持するためには、よい仕事があれば、雇い主に特に承諾を得なくてもいつでも今の仕事を辞めて転職できることが必要だ。労働条件が悪いと既存の従業員が辞めてしまうということが、企業に対する従業員の交渉力を高めている。ひどい条件の職場であっても、転職できないのであれば、その労働者は、そこで働き続けるしかない。

転職の自由が確保されていることが、私たちの労働条件を高めていることがよくわかるのが、プロ野球選手の年俸だ。プロ野球選手は、入団してからフリーエージェントの権利を得るまで球団側から他球団にトレードされることはあっても、自分の意思で他球団に移ることができない。そのため、プロ野球球団は選手の年俸を生産性よりも低くしておくことができる。その証拠に、フリーエージェントの権利を得ると選手の年俸が跳ね上がる。球団はフリーエージェントの選手に損をしてまで高い年俸を支払わないのだから、それまでの年俸が低すぎたということだ。そうしないと選手の育成費用を負担できないという理由はあるにしても、転職の自由がないと給料が低く抑えられるというのは事実だ。

従来、労働市場では買い手独占が成り立ちにくいと考えられてきた。しかし、アメリカでは低賃金の外食レストランで他店の店員を引き抜くことを禁止した「人材引き抜き禁止条項」を結んでいたことがアラン・クルーガーとオーリー・アッシェンフェルターの研究で明らかにされ、[9]全米で7万人の雇用に悪影響があるという推計がなされた。この研究がきっかけになって2018年に米ワシントン州のボブ・ファーガソン司法長官と米ファーストフード7社との間で、フランチャイズ契約での「人材引き抜き禁止（No-poach）条項」の撤廃が合意された。[10]合意した7社は、マクドナルド、アービーズ、カールスジュニア、ジミー・ジョンズ、アンティ・アンズ、バッファロー・ワイルド・ウィングス、シナボンであり、全米合計2500店舗で同条項が撤廃された。同様の例は他にもある。アップル、グーグル、インテルといった有名ハイテク企業が、お互いに従業員の引き抜き防止の共謀によって、従業員の賃金を低く抑えていたと従業員から訴えられたのだ。2015年にこれらの企業は多額の金額で和解している。

人材引き抜きを防止するのと同様に、労働市場を非競争的にする可能性があるのは、競《きょう》業《ぎょう》避《ひ》止《し》義務である。これは、労働者が所属する（または所属していた）企業と競合に値する企業や組織に属したり、自ら会社を設立したりといった行為を禁ずる義務のことである。通常、入社時の誓約や就業規則に含まれる競業禁止特約によって定められ、所属する企業の不利益となる競業行為を禁じている。しかし、この契約が、特に重要な経営上の秘密をもっていないレベルの従業員にも当てはめられていたとするならば、従業員の職業選択の自由を奪い、労働市場における買い手独占を強めてしまう。

こうした経営者同士の賃金カルテルが明らかになることは少ないが、日本でも明らかになった事例がある。小《こ》松《まつ》理《り》虔《けん》氏の『新復興論』という本には、福島の復興過程で生じた問題が描かれている。２０１８年６月に福島県いわき市の小《お》名《な》浜《はま》の沿岸部に地上５階建、１３０店の専門店が集まるイオンモールいわき小名浜が開業した。イオンモールの受け入れに際して、小名浜の経営者や一般市民で作られる「小名浜まちづくり市民会議」という団体が、イオンモール側に、従業員の給与をいわきの平均水準に抑えるように時給協定の要望を提出したというのだ。震災後から人手不足になっていたいわき市でイオンモールが新たに人を採用するには、時給を上げる必要がある。既存の企業の経営者にとっては確かに問題かもしれないが、働く人にとっては望ましいことである。

地方で競争相手が少ない地域ほど、このような引き抜き防止条項や時給協定が実質的に結ばれている可能性がある。労働市場の競争を阻害するような引き抜き防止契約（誓約書）、社会規範、慣行についての調査をし、それらを禁止していくことの検討が求められる。労働市場における買い手独占に対しては、最低賃金で対処するだけではなく、公正取引委員会と厚生労働省が積極的に介入していくことが必要ではないか。また、最低賃金を支払うことが、社会規範から外れていないと人々にみなされる状況が、最低賃金さえ支払っておけばいいという企業側の行動をもたらしているのであれば、それを前提にした最低賃金の決定をしていく必要がある。

1　Kawaguchi and Mori（2009）
2　明坂弥香、伊藤由樹子、大竹文雄（2017）
3　Okudaira, Takizawa and Yamanouchi（2019）
4　令和4年度中央最低賃金審議会（目安に関する小委員会）第2回資料「賃金分布に関する資料」https://www.mhlw.go.jp/content/11201250/000962929.pdf
5　Cengiz, Dube, Lindner and Zipperer（2019）
6　Hara（2017）

7　Manning (2003)
8　Shelkova (2015)
9　Krueger and Ashenfelter (2021)
10　Washington State Office of the Attorney General (2018)

5　企業の社会的責任と従業員の採用

CSRを掲げる意味

企業の社会的責任（CSR）という言葉をよく聞くようになった。SDGsやESG投資という言葉もそうだ。SDGsは持続可能な開発目標という国連が定めた目標である。貧困の削減やジェンダー平等、気候変動、不平等、平和など様々な目標があるが、この目標達成を目指すことを、国の政策目標だけでなく、企業も経営目標に取り入れている。ESG投資は、環境・社会・企業統治に配慮している企業を重視・選別して行う投資のことである。トヨタ自動車、ソニー、パナソニック、日立といった日本を代表するような企業では、CSRについて、組織的な取り組みをしている。CSRの定義には、様々なものがあるが、法律の遵守、環境への配慮、コミュニティへの貢献など、社会的な目標を達成するために自発的に費用をかけて努力をすべきという考え方である。

株式会社であれば、企業は利潤を最大化することが目標と考えられてきたが、企業活動が与える影響は、配当を受け取る株主だけではなく、消費者や社会全体といったステークホルダー（利害関係者）にも及ぶ。そうした様々なステークホルダーに対する責任を企業はもっており、企業はそうしたステークホルダーのために進んで支出をすべきだというのが、CSR、SDGs、ESG投資という考え方の背景にある。

なぜ、利潤最大化を株主から求められている株式会社であっても、利潤を犠牲にしてCSRに支出しているのだろうか。それは、CSRを積極的に推し進めることは、費用を高めて利潤を減少させるだけではないからだ。CSRの推進によって企業イメージを向上させ、消費者や投資家から支持されるということを通じて利潤を引き上げられれば、結果的にCSRへの支出分が回収されるかもしれないのだ。それだけではない、最近の研究によれば、CSRに熱心な企業は、従業員の給料を低く抑えたり、生産性の高い労働者を集めたりすることができるという。[1]

社会的動機で働く人も

ＣＳＲ重視の極端なケースは、利益の最大化をそもそも求めないで社会的使命や社会的責任を果たすことを目標した企業である。株式会社ではなく、非営利法人（ＮＰＯ）という組織形態をとることになる。実際、保育や介護の分野では、株式会社とＮＰＯが並存している。もし、どちらかの組織形態の方が優れているのなら優れた方にまとまるはずなのに、二つの組織形態が並存しているのはなぜなのだろうか。

認可外の保育関係者から、株式会社だと利潤追求を第一にしていることが嫌で、できれば同じ認可外でもＮＰＯの組織に勤めたいという意見を聞いたことがある。株式会社だと子供のことを第一に考えてくれない、という理由だった。しかし、保育園が株式会社として利潤を追求していても、サービスがよくないと保育園として人気がでないので、利潤を追求するために子供たちの環境をよくするはずだ。ＮＰＯであっても、子供たちの環境をよくするためという理由で、赤字で運営することはできない。株式会社だと利潤追求のために、保育士の質を考えないで低賃金で雇用するという批判も聞いたことがあるが、質が低い保育士ばかりになるなら保育園の人気が下がってしまう。一方、ＮＰＯの保育園なら優れた運営をするかといえば、経営効率に関する圧力が小さい分、非効率な運営がなされて、子供たちの環境はそれほどよくならないかもしれない。

しかし、もし利潤動機の組織で働くことが嫌で、NPOなら働きたいという人がある程度いるならば、NPOは同じ仕事であっても株式会社よりも安い賃金でそういう人たちを雇用することができる。同じ仕事で同じ給料なら株式会社で働くよりもNPOで働きたいという人であれば、NPOで働けるなら少し給料が低くても喜んで働いてくれるかもしれない。つまり、利潤動機ではなく、社会的な動機で働くことに喜びを見出している分、安い給料でもいいということだ。そうすれば、NPOでは、同じ質の人をより安い給料で雇うことができるので、NPOの生産性は高くなるかもしれない。

つまり、NPOでは非利潤動機だからという理由で、低い賃金で働いてもいいという人が集まってくるのだ。実際、東京大学の卒業生で、総合商社と国家公務員の両方から内定をもらった人の中には、高い給料よりも公的な仕事がしたいという理由で国家公務員を選ぶ人がいるだろう。公務員を選ぶ人の中には、雇用が安定しているからという理由で選ぶ人がいるかもしれないが、トップクラスの総合商社の雇用は十分に安定的だ。

NPOや公的部門で、社会のために貢献できるなら、低い給料でも構わないという人がいるなら、利潤を最大化することが目的となっている企業でもCSRに積極的だということであれば、NPOや公的部門と同様に少し給料が低くても問題ないと思う人もいるはずだ。実際、ノルウェーのデータを使って、学歴、性別、地域、産業などをコントロールしても、C

SRにより多く支出している企業ほど、従業員の給料が低いことを明らかにした研究がある。[2]

CSRと従業員の性格

公的な部門で働きたいとかNPOで働きたいという人は、もともと人のために働くことが好きなのだから、公共心が高く、人と協力的な仕事の仕方ができるかもしれない。もしそうなら、CSRに熱心な企業だというイメージが社会に認知されることで、人と協力して仕事をする人を採用することができるだろう。組織において、協力して仕事をするという特性は非常に重要である。チームで仕事をする場合、個人の働きぶりが完全には観察できないなら、人は他人の努力にただ乗りして、手を抜いて仕事をしたいという誘惑にかられる。もし、利己的な考え方をもっている人ばかりが集まれば、チームの生産性は激減する。つまり、チームプレイが重要な職場では、人と一緒に協力して仕事をすることを重視するような従業員を採用することができれば、従業員の仕事ぶりを十分に観察できなくても、高い生産性を維持できるのだ。このことは採用の際に、「協力することが好きですか」というような質問をしてもなかなか見抜くことは難しい。CSRに熱心な企業であることを示すことによって、協力的な従業員を採用することができるようになるかもしれない。

公共財ゲーム

ＣＳＲに熱心だと、本当に協力を重視する従業員を集めることができるのだろうか。公共財ゲームというよく知られた経済実験を実験室で行って、それを確認した研究がある。[3] 研究者らは３人一組で公共財ゲームを実験参加者に行わせた。このゲームでは、実験参加者が一定額Ａ円をもらって、その金額から、自分だけではなく参加者全員に同じだけのメリットをもたらす公共財にいくら支出するか決める。ある参加者が公共財にＢ円支出したとすれば、３人全員がＢ×２／３円を手にすることができる。このとき参加者たちは実際、いくら公共財に支出するかを計測する実験である。

もし、自分だけが公共財に支出しないで、他のメンバーが全額公共財に支出すれば、自分の取り分は、（Ａ＋（２／３）×２×Ａ）円＝７／３×Ａ円になる。一方、全員が全額を公共財に支出すれば、（２／３）×３×Ａ＝２×Ａ円になる。２×Ａより７／３×Ａの方が大きいので、全員が協力するよりは、他の人は協力して自分だけ協力しないことの方が自分の取り分が多くなる。しかし、同じことを全員が考えるので、誰も公共財に支出しないで、Ａ円を手にすることになる。これが、参加者全員が利己的な人を想定したときの答えだ。全員が協力した方がいいはずなのに、誰も協力しなくなる。

公共財ゲームの実験では、これを繰り返し行うことが多い。通常、最初はある程度の人は公共財に支出するが、他人の協力に期待して自分は協力しないというフリーライドする人がいることに気がつくと、急速に公共財に支出する人が減っていくことが観察される。この研究でも同様のことが観察された。そこで、研究者たちは、設定を少し変えた。青チームに入ると公共財ゲームでの賞金に加えて、1000円プラスされて参加料がもらえる。一方、赤チームに入ると参加料はもらえないが、1000円が赤十字に寄付される。つまり、公共財ゲームの報酬に加えて、参加料1000円が追加的にもらえるチームと1000円分赤十字に寄付されるチームに分かれるのである。研究者たちは、この青チームと赤チームのどちらに参加するかを、実験参加者に選ばせたのだ。そうして、公共財ゲームをさせると、青チームの参加者は、今までの実験と同様に、公共財への支出額がすぐに減少していった。ところが、赤チームでは、公共財への支出額は30回繰り返しても、減少しなかったのだ。

つまり、寄付をするということに価値を見出す人たちは、チームで協力することにも積極的だったのだ。世の中には、自分さえよければいいという利己的なタイプの人もいれば、他の人のためになることをしたいと思っている向社会的な人もいる。人の働きぶりを常時監督することができないとすれば、できるだけ他人の努力にフリーライドしない向社会的な人を採用することが重要だ。会社の生産性を高める向社会的な人をより多く採用するためには、企業が向社会的な組織であることを示すのが一つの方法だ。CSR活動を積極的にすることは、他人の努力にフリーライドしない従業員を採用することにつながるのだ。

逆にいえば、企業が組織的に不正行為をしたとか、環境に悪影響を与えているというイメージが高まれば、向社会性が高い従業員を採用することができなくなるということだ。企業イメージをよくすることが、質の高い従業員を採用する上でも重要なのである。

意外な不正行為

CSRは向社会的な労働者を採用することに貢献するかもしれないが、CSRに熱心だと従業員の不正行為を促進させてしまうという意外な研究結果も存在する。[4] 研究者たちは、賃金の一定割合を先払いして、残りを作業完了後に支払うという仕事をネット上で多数の労働者に依頼した。その際、一部の労働者には、賃金の一定割合を、ユニセフの教育プログラムに企業が利潤から寄付するというメッセージを出したのだ。つまり、CSR活動をするという企業のもとで働いていると従業員に意識させた。社会貢献をしている企業のもとで働くなら、従業員はまじめに働こうと思うだろうと予想できる。

しかし、研究結果は予想外のものだった。実際には、CSRのメッセージを受け取った従業員は、先払いの給料だけをもらって仕事をしない比率が高まったのだ。研究者たちは、CSR企業で働くという良いことをしたら、別のところでは悪いことをしても許されるという免罪符効果と呼ばれる人間の特性がこのような結果をもたらしたのではないか、と推測している。良いことをしているという自己イメージがCSRをする企業で働くことで満たされるなら、別の側面で悪いことをしても自己イメージが保たれると感じてしまうというのだ。この実験では、もともとCSRをする企業だから働くことを選んだわけではなく、働いたら偶然CSR企業だったということが理由で、このようなことが観察されたのかもしれない。つまり、CSRに熱心だからそれを選んでくれた従業員と、そういう動機ではなく就職してきた従業員では、CSRに対する反応も違ってくるのだ。企業がCSRに取り組む際には、従業員の属性や取り組みに様々な影響をもたらす可能性を知っておくべきだろう。

1　Nyborg（2014）
2　Nyborg and Zhang（2013）
3　Brekke et al.（2009）
4　List and Momeni（2020）

6　「もったいない」で損してない？

是枝裕和《これえだひろかず》監督の『万引き家族』が２０１８年のカンヌ国際映画祭でパルム・ドールを受賞した。賞を受賞したり、ネットでの評判がいい映画は観《み》てみたいと思う人が多いはずだ。『万引き家族』は私もすばらしい映画だと感動した。しかし、評判がよくて期待していたのにあまり面白くない映画も中にはある。あなたは途中まで映画を観て、「これはつまらないな」と思ったときに、最後まで観るだろうか？　最後まで観るという人は多いだろう。せっかく１４００円の映画のチケット代を払ったのだから、最後まで観ないともったいない。

では、評判の映画のチケットが景品で当たったとする。あなたは喜んでこの映画を観に行った。ところが、観ていても全く面白くない。最後まで観ても時間の無駄だな、と思ったとき、出入り口の近くに座っていたとしたら、途中で映画を観るのをやめてしまわないだろうか？　どうせこのチケットは、自分がお金を払って手に入れたわけではない。映画を観なくても損をしたことにならない。

つまらない映画だと途中でわかった場合、チケットを自分で買っていたらチケット代がもったいないので最後まで観るけれど、景品で当たって手に入れたチケットならもったいなくないので、途中で観るのをやめるという人もいるだろう。しかし、自分でお金を払ったかどうかで、同じ映画を最後まで観るかどうかについて態度を変えるのは、経済合理的ではないのだ。

まず、景品で当たったチケットの場合の意思決定を考えよう。映画を2時間とすれば、つまらない映画で退屈な2時間を映画館で過ごすか、もっと有意義な時間の使い方をするか、という選択だ。有意義な時間を使う方を選ぶ人が多いだろう。

つぎに、自分で1400円のチケットを買って映画館に入った場合を考えよう。途中で映画館を出ると、1400円がもったいない感じがする。本当だろうか。まず、自分で1400円を払って2時間のつまらない映画を最後まで観た場合、1400円を支払って退屈な2時間を過ごしたことになる。一方、すぐに映画館を出て散歩した場合、1400円を支払って散歩したことになる。よく考えると、どちらの場合でも1400円が返ってこないことは同じだ。それなら、返ってこない1400円のことは忘れて、これからの2時間の使い方で有益な方を考えればいい。もし、景品で当たったチケットの場合には、映画館を途中で出るという選択をする人であれば、自分で買ったチケットであっても、映画館を途中で出る方が合理的なのだ。

既に支払って戻ってこない費用のことを経済学ではサンクコスト（埋没費用）と呼ぶ。サンクコストは、これからどのような意思決定をしても返ってこない費用なので、それを意思決定の際には考慮する必要がない。「覆水盆《ふくすいぼん》に返らず」だ。発生してしまったコストは取り返せないので、そのことは忘れてしまって、これから先のことだけ考えて最善の選択をすべきという未来志向の考え方である。

将来のことはすべてこれから変えられるので、比較検討すべきだが、過去に生じてもう取り戻せないことは、考慮しても意味がない。これから先の行動で影響があることだけを検討すればいいのだ。もったいないという気持ちが損をさせているかもしれない。

7　贈り物の経済学

いつも世話になっている人には、お中元やお歳暮を必ず贈るという人も多い。それらに限らず、私たちは、クリスマス、誕生日、結婚式など人にプレゼントをすることは多い。

贈り物はもらうと嬉《うれ》しい。ただし、正直に言うと、もらったことは嬉しいけれど、もう少し別のものが欲しかったということはないだろうか。趣味が合わなかったとか、同じものを持っていたという経験がある人もいるだろう。

ジョエル・ウォルドフォーゲルというアメリカの経済学者は、もらったクリスマスプレゼントの品物を金銭価値にするといくらになるかを人々に質問した。[1]その結果が興味深い。平均的には、1万円の品物をプレゼントした場合、受け取った側は8千4百円の価値しか感じていないとのことだ。つまり、贈った側と受け取った側では金銭的には16％は無駄になっている。相手の欲しいものをよく知っている場合には、この損失は小さい。

ということは、わざわざお中元という形で品物を贈らなくても、お金を渡した方が、受け取る方も嬉しくなり、贈る方にとってもいいはずだ。似たことは、災害援助の際にも発生する。災害の当初は、食べ物や衣服など実物の救援物資が最重要とされる。しかし、つぎの段階になると、災害を受けた人々によって必要とするものは異なってくる。直接品物を送るよりは、義捐金《ぎえんきん》を送る方が、受け取る人たちの必要性に応じた支援になる。

品物を贈り合うよりも現金を贈り合う方が、お金が無駄にならないというのは事実のようだ。それなら、なぜ私たちは、現金をプレゼントしないで、品物をプレゼントするのだろう。

それは、私たちの行動規範が、社会規範と市場規範の両方で成り立っていることに関わっている。私たちは、お金で取引をする市場経済に生きている。しかし、すべての生活が市場経済で行われているわけではない。家庭内で掃除、料理、子育てといった家事労働に対して、金銭的にお金が支払われているわけではない。同じサービスは、お金を支払って得ることができるのに、家庭の多くではそうしていない。友人の引越しを手伝うという場合も金銭的報酬を支払うことは少ない。こうした非金銭的な行動は、社会規範の中で行われているのだ。そこでは恩を受けたら、なんらかの形で返すというものである。お互いよく知っている人たちの間では、これが機能する。

一方、お金のやり取りは、その場で交換が行われる。長期的な関係がなくても誰とでもやり取りが可能だ。つまり、現金を使った取引をすると市場規範の範疇《はんちゅう》になる。

社会規範で成り立つ世界に、現金のやり取りを入れると、市場規範になってしまうのだ。助け合いは、社会規範で行われるものなので、ボランティアや現物を贈るべきということになる。しかし、モノや人を適切に配分するためには、相手の情報を正確に知っておく必要がある。もし、そうでないのなら、社会規範を残す形でお金を有効活用するのも大切だ。ご祝儀袋に入れて渡したり、メッセージを添えるだけで、お金であっても特別な贈与という気持ちは伝わる。市場時代には、新しい社会規範が必要かもしれない。

1　Waldfogel（1993）

8　税制がもたらす意外な変化

2019年10月1日から消費税が8％から10％に引き上げられ、飲食料品（外食・酒類をのぞく）の税率を据え置く軽減税率が導入された。外食は10％だが持ち帰りだと8％のままだ。企業としては売り上げを減らさないために様々な対策をした。関西の外食産業でも、回転ずしや餃子《ギョーザ》のチェーン店では、ネットで予約できる持ち帰りのサービスを充実させた。節約をしたい消費者の要望に企業も対応しているのだ。

こうした動きは、軽減税率に対して、市場経済がうまく対応していることを示す。しかし、軽減税率の導入によって、外食を減らし、持ち帰りの食事を増やすことになることは、望ましいことだろうか。私たちは自宅に早く帰り、家族の時間を大事にするようになるのかもしれない。逆に言うと、仕事仲間や友人との外食の機会が減るかもしれない。外食の場を通じたネットワーク形成が、生産性に影響しているとすれば、生産性の低下につながるだろう。

私たちの食に関わる文化を変えてしまうことは、軽減税率導入による意図せざる効果だ。江戸時代、京都で家の間口ごとに税金をかけた「間口税」という税があった。結果、間口が狭く、奥行きのある「うなぎの寝床」のような家が増えたとされる。税制が意図しない方向で暮らし方や文化を決めるというのは本末転倒ではないだろうか。

第六章　人文・社会科学の意味

1　社会の役に立たない学問なのか？

実践的な教育をすべきか

人文学や社会科学の教育・研究が社会に役立っていないのではないか、大学ではもっと役に立つ実践的な教育をすべきではないか、という意見をしばしば耳にする。確かに、大学で教えられている人文学・社会科学の知識がすべての学習者にとって直接的に社会で生きていく上で役に立つものばかりではない。しかし、それは人文・社会科学に限った話ではない。工学系や自然科学系の学問分野においても、直接的に役に立つものばかりではない。基礎研究の多くは、応用研究の基礎となるものであって、直接、基礎研究が私たちの生活の役に立つことは少ない。理系の基礎研究に対する批判が、人文学・社会科学の教育・研究に対する批判より少ないのは、大学教育を受ける人の期待とのギャップがおそらく小さいからだ。理系の学生の多くは、応用を学ぶために必須の基礎知識として理解して学んでいるために、学んでいることが、どのような経緯で役に立つかを理解しやすい。

それに加えて、大学で学んだことが社会で役に立たないという印象を卒業生がもつ理由には、いくつかある。第一に、大学での学習のレベルが、社会で役立てるには不十分だった可

能性である。どの分野でもある程度のレベルに達しないとそれを応用する力まではつかない。表面的な理解だけでは、知識は身についても、実社会で役立てるほどのレベルに達していない可能性がある。これに対しては、大学側も応用を意識した教育をすることで、学んでいることと社会との関係性を学生に実感させることができる。人文・社会科学系での教育カリキュラムを工夫していくことが必要である。

　第二に、学問分野の進展である。過去には、存在意義があった学問分野が、研究の進展によって、その重要度を失うことは、研究の最前線ではしばしばある。学問分野の中では、そのような新陳代謝が常にあり、同じ名前の学問であっても、数十年前のものと全く様変わりしているものは多い。生物学はその代表だろう。経済学でも、数十年前の標準的な教育内容と現代のそれとは大きく異なっている。一時代前の学問を学んだとしても、卒業した後は、既に陳腐化しているということはままある。これは学問が発展している以上避けられない事態であるが、教育する側は学問分野の発展に対応してカリキュラムを変更していくことが必要である。何十年も同じ講義ノートを使って講義をしているという教員に対するステレオタイプな批判があるが、現在の大学でそのような教員は非常に少ない。大学教育への批判は、批判する本人が20年以上前に自分が受けた教育が、現在もそのまま行われているという想像のもとでなされていることが多い。現在の大学教育では、シラバス（講義実施要綱）をもとにきちんと計画的な授業が行われていることがほとんどで、大学生の出席率も高く、授業態度もまじめである。

「なんで文学部に行くの」

同じ文系の学問でも、役に立っていないのではないかと批判されるのは、社会科学よりも人文学であろう。多くの反論があるが、その中でネットでも話題になったものに、当時、大阪大学大学院文学研究科教授だった金水《きんすい》敏《さとし》氏が、２０１７年の大阪大学文学部卒業セレモニーで行った式辞がある。[1] 金水氏は、文学部卒業生たちが「なんで文学部に行くの」とか

「文学部って何の役に立つの」という文学部に対する批判をしばしば受けると指摘する。それに対して他の学部であれば、比較的明確に役に立つと答えられるという。「医学部は人が健康で生活できる時間を増やす」、「工学部は、便利な機械や道具を開発することで生活の利便性を増やす」、「法学や経済学は、法の下での公正・平等な社会を実現したり、富の適正や再配分を目指したりなど、社会の維持・管理に役立つ」と言える。しかし「文学部で学んだ事柄は、職業訓練ではなく、また生命や生活の利便性、社会の維持・管理と直接結びつく物ではない」と言う。

では、文学部で学んだことは何の役に立つのか。それは、「問いを見いだし、それについて考える手がかりを与えてくれる」ということだという。具体的には、「私たちの時間やお金を何に使うのかという問い」や「私たちの廻《まわ》りの人々にどのような態度で接し、どのような言葉をかけるのかという問い」にもつながり、「日本とは、日本人とは何か、あるいは人間とはどういう存在なのか、という問い」にもつながる。したがって「文学部の学問が本領を発揮するのは、人生の岐路に立ったとき」だと金水教授は述べる。

つまり、金水氏によれば、人文学は人のよりよい意思決定に役立つというのである。この指摘は、人文学・社会科学の研究者の多くが同意できるものである。ネット上で多くの人が賛同していたのも当然である。この議論は、人文学が役に立つという点では、説得的な話である。この式辞は文学部卒業生に向けて、彼らが大学で学んだことが役に立つという自信と誇りをもってもらうことを目的にしているので、十分にその目的を果たしている。

しかし、もともと人文学・社会科学に対する批判は、国立大学などで公的資金を投入して教えるべきものかどうか、という点にある。もし、金水氏が指摘するように、将来十分に役に立つということであれば、人々は人文学・社会科学をすべて個人負担で学べばよいということになる。これは、理系の学問にも言えることである。個人や会社にとって、その学問が役に立つということであれば、その分、個人の所得は高まり、企業の利潤は増えるはずなので、個人も企業も教育や研究に喜んでその費用を負担してくれるはずだ。つまり、税金をもとにした公的な補助金を大学に投入する必要はない。役に立つ学問であれば、私立大学で教えればよく、国立大学で教えるにしても税金からの補助金は不必要だという議論になってしまう。人文学・社会科学は学んでも役に立たないから国立大学で教える必要はない、と批判者側の問題を設定してしまうことが間違いなのである。そのように問題設定をすると、役に立つという反論をしたり、学問を役に立つか立たないかという価値基準で判断することが間違いであるという反論をしたりすることになる。役に立つと答えれば、役に立つなら授業料収入だけで経営できるはずだ、という反論をされる。

一方、役に立つかどうかという判断ではなく、その研究が面白いかどうかで判断すべきだ、という議論は、研究者の立場としては十分に理解できる。しかし、その費用を誰が負担するか、という議論になったときは別の話である。役に立たなくてもよいから税金を使って面白いことを研究するための費用を税金で負担せよ、と言われて、税負担をする人は納得するはずがない。あるテーマを面白いと思った人が勉強すればよいのであれば、面白いと思った人がそのための費用を自分で払えばよいので、税負担の根拠にはならない。

税金を使って振興すべき理由

税金をもとにした運営費交付金で運営されている国立大学で人文学・社会科学（人社系）の教育・研究が行われたり、様々な研究費や補助金が人社系分野に投入されたりしていることの背景となる考え方は何であろうか。ここまでの議論で、単に役に立つからではない、ということはわかる。

税負担をもとに政府が行うべきことは、経済学ではきちんと定義されている。第一に、行動に正の外部性がある場合である。第二に、所得再分配を目的とするか、借り入れ制約がある場合である。

外部性とは、第二章でも述べたが、ある人の行動が金銭的な移転をともなわないで、他人に利益をもたらしたり、満足度を上げたりすることを言う。人文学・社会科学の教育を受けたり、研究を行ったりすることが、本人の所得や幸福度を向上させるだけではなく、他の人にもプラスの影響を与える場合、人文学・社会科学の教育や研究に外部性が存在することになる。この場合、授業料や企業からの寄付金だけに依存して教育・研究を行うと、他人の教育投資や研究投資の成果にフリーライドする人が出てくるため、人社系の教育・研究水準は、社会的に最適な水準よりも過小になってしまう。そのため、人社系の教育・研究の振興に税金をもとにした補助金が必要となる。

第二の所得再分配や借り入れ制約を目的にする場合というのは、教育を受けることが、本人にとって役に立つとわかっていても、所得水準が低く、教育費を賄うことができない場合に、税金から支出することが正当化できる。ただし、この場合は、奨学金によって対応すればよくて、国が大学に対して直接的に補助金を出す必要はない。

「文学部の学問が本領を発揮するのは、人生の岐路に立ったとき」という金水氏の指摘を、税金を投入して人文学を振興する根拠にするためには、教育を受ける本人だけではなく、社会にも役立つという外部性を強調する必要がある。外部性としては二つのものが考えられる。

第一に、個々人がよりよい選択ができるだけではなく、社会全体での意思決定を行う際に、よりよい意思決定ができるようになるという点である。いわば「公共選択の改善」という外部性である。人文学・社会科学を学んだ人がよりよい公共選択を行えるのであれば、その比率が高まることで、社会全体の意思決定もよりよいものになり、その便益はそれらを学んでいない人にも及ぶ。

第二に、人々が人生の岐路に立ったときに、よりよい選択を行えるようになることで、個人の選択ミスから発生する社会問題や犯罪を減らしたり、社会保障の必要性を減らしたりすることになる。よりよい人生の選択を行えるようになることで、「財政支出の削減」に人文学・社会科学は貢献する。

つまり、人生の岐路に立ったとき、よりよい選択ができるように個人がなることは、その個人だけにリターンが帰属するのではなく、「公共選択の改善」と「財政支出の削減」を通じて、社会に貢献することになる。

教育だけではなく研究についても人社系では外部性は大きい。人社系の研究で得られた成果の多くは、特許として個人や企業に属するのではなく、成果そのものを利用することは無料である。誰にでも利用可能な形で研究成果が役に立つ場合には、それに対価を支払う人はいない。個別の企業にのみ役立つ場合には、個別の企業は研究費を支払うが、誰にでも利用可能な研究であれば、フリーライドすることができるため、民間企業が研究資金を提供することは少ない。

なぜ役に立たないと思われてきたのか

(1) 説明不足

理系の研究の中には、すぐに社会に役立つかどうかわからないものも実際には多い。それにもかかわらず、人社系よりは役に立つ学問であると思われている。それは、理系の応用研究の多くは、企業の製品開発に直接的に役に立つからである。成果がモノやサービスとして見えやすいし、商業化されることも多い。一方、人社系の研究成果は、人々の考え方や社会の制度に影響を与える。その結果、私たちの人生や社会が大きく変わるほどの影響が生じることもある。しかし、特定の研究者の論文によって、ある制度が作られたり、法律が変更されたりするという明確な因果関係がないことが多い。様々な人々の考え方に複雑に影響して、社会的な意思決定がなされていくのである。そして、人社系の研究が社会の制度や慣行に影響を与えるのは、人々が人文系の研究成果を無料で手に入れることができるからだ。

理系の研究者は、人社系に比べて、社会にどれだけ役立つかということを様々な観点から主張してきた。理系の基礎研究者の中には、「すぐには役に立たない」という主張をする研究者もいるが、その場合も「すぐには」という限定が入っていることが多い。なぜ、理系の方が、社会に役に立つことを積極的に宣伝してきたのだろうか。おそらく研究を進めるためには、人社系に比べて多額の研究費がかかるために、資金獲得のための理由を説明する機会が多かったからだと考えられる。これに対し、人社系の研究は、個人研究が多く、理系に比べると研究費が少なくて済むものが多い。そのため、外部資金獲得のために、分野外の研究者や非研究者に、その研究の社会的意義を説明する機会が人社系の研究者は少なかった。個人研究が多かった人社系では、研究チームを組織するために莫大な研究費を獲得する必要もなかった。実際、人社系の研究者は、研究費よりも研究時間が重要だという人が多い。

しかし、人社系の研究に理系のような実験施設や物品購入のための研究費がそれほど必要でないとしても、研究者のポストである人件費には多額の費用がかかっている。特に、国立大学では、運営費交付金の減額によって物件費の削減が先に行われてきたため、人社系の研究者が研究を遂行する上での困難をそれほど感じてこなかった。しかし、運営費交付金の削減が続き、人件費の減額が行われるようになり、やがてそれが研究者のポスト削減という事態になってきたのである。この段階になって初めて、社会からの要請に応えていると認識されなければポストが削減されるという事態に直面した。公的な資金をもとにポストを得て研究している以上、その社会的意義を説明する責任は研究者側にある、という認識が人社系の研究者には足りなかった。

（2）役に立つという意味

人社系の研究者は、社会の役に立つという意味を狭く解釈することが多かった。例えば、山口裕之《やまぐちひろゆき》氏の著した『「大学改革」という病』では、「企業や社会が求める人材の育成」は大学の社会的責務ではないとしている。大学の社会的責務は、「さまざまな問題について、その背景を知り、前提を疑い、合理的な解決を考察し、反対する立場の他人と意見のすり合わせや共有を行う能力」[2]を育てることによって、民主主義社会を担う市民を育てることにあるという。このことは、社会に対して正の外部性をもたらす人材を育成することであるから、十分に社会に役に立つことである。

しかし、山口氏が言う人材は、実は現在の企業や社会が求めている人材そのものなのである。例えば2015年9月の「国立大学改革に関する考え方」という声明で、経団連（日本経済団体連合会）は「（今回の国立大学の人社系を見直すべきという文部科学省の通知は）即戦力を有する人材を求める産業界の意向を受けたものであるとの見方があるが、産業界の求める人材像は、その対極にある」[3]と述べて、「理系・文系を問わず、基礎的な体力、公徳心に加え、幅広い教養、課題発見・解決力、外国語によるコミュニケーション能力、自らの考えや意見を論理的に発信する力などは欠くことができない」、「地球的規模の課題を分野横断型の発想で解決できる人材が求められていることから、理工系専攻であっても、人文社会科学を含む幅広い分野の科目を学ぶことや、人文社会科学系専攻であっても、先端技術に深い関心を持ち、理数系の基礎的知識を身につけることも必要である」という主張をしている。また、経団連は、産業界が人材にどのような資質・能力を求めているかについて、アンケート調査をした結果から「文科系では「課題設定・解決能力」、理系では「創造力」を求める回答が増えている。技術革新が急速に進む中、自らの問題意識に基づいて課題を設定し、その解決に向けて主体的に取り組む能力を有する人材、また、文系・理系を問わず、多様で幅広い知識と教養、リベラル・アーツを身につけ、それを基礎として自ら深く考え抜き、自らの言葉で解決策を提示することのできる人材、すなわちイノベーション人材が求められている」[4]とも指摘している。

役に立つという意味は、企業の経営に役に立つことや生活の役に立つといった目に見えやすいものを想像しがちである。しかし、人々の幸福度を増すことや健康水準を高めることも同じように社会の役に立っている。例えば、ウナギの産卵場所を特定した日本大学教授の塚《つか》本勝巳《もとかつみ》氏は、ウェブサイト「WIRED」のインタビューで「「人類が長年不思議に思っていた謎の解答を見つけ、それを広く知らせる」（中略）つまり、知的好奇心を満足させる」[5]ことだと答えている。人々の知的好奇心を満たして、満足度を高めることが社会的貢献である。

ここで重要なのは、その研究者自身や研究者グループだけの知的好奇心を満足させるのでは、公的資金を用いた研究の説明責任を満たしていないということである。その上で、塚本氏は、「世界的にも資源が激減したウナギの増殖や資源管理に役立ち」、「ウナギの完全養殖の研究に重要な情報をもたらす」といったわかりやすい社会貢献も指摘している。

カリフォルニア工科大学フレッド・カブリ冠教授で基礎物理学者の大栗博司《おおぐりひろし》氏は、「役に立たない研究の効能[6]」というエッセイで、基礎研究がどのような意味で社会に役に立つかを述べている。その中で、いくつかの著名な科学者の言葉を紹介している。まず、19世紀に電磁誘導を発見したマイケル・ファラデーが、当時の財務大臣であったウィリアム・グラッドストーンに「電気にはどのような実用的価値があるのか」と問われて、「何の役に立つかはわからないが、あなたがそれに税金をかけるようになることは間違いない」と答えたという。実際、彼の研究が後の電磁波の発見につながり、無線通信という現代社会の不可欠な情報基盤となっている。また、カリフォルニア工科大学学長のジャン＝ルー・シャモー氏は、2012年春のスピーチで「科学の研究が何をもたらすかを予《あらかじ》め予測することはできないが、真のイノベーションは人々が自由な心と集中力を持って夢を見ることのできる環境から生まれることは確かである」「一見役に立たないような知識の追求や好奇心を応援することは、わが国の利益になることであり、守り育てていかなければいけない」と述べたという。さらに、大栗氏自身も、「このような研究が精神的な豊かさをもたらすことはわかるが、それが人々の生活をどのように改善することになるのかも知りたい」という大学への寄付をする財団や篤志家からの質問に対し、「興味の赴くままに研究しているのだ」と突き放すのではなく、質問の意図を真摯に受け止めて、基礎科学の普遍的価値について丁寧に説明するようにしていると述べている。その上で、「日本では、数学や科学の基礎研究のほとんどは国民の税金で行われているので、納税者がクライアントになります。その代表者に「十年後にどのようなリターンがあるのか」と聞かれたときに慌てふためかなくてもよいように、日ごろから基礎研究の重要性を広く伝える努力が必要だと思います」と指摘している。

２０１６年10月に国立大学法人理学部長会議が出した声明でも、「基礎科学は今すぐ社会の役に立たないかもしれませんが、いずれ役に立つと、私たちは確信しています」と述べている。短期的には社会の役に立たないかもしれないが、全く役に立たない研究をしているわけではない。知的好奇心を満たしたり、将来の応用研究に役立たせたりということが期待できるのであれば、それは役に立っている。例えば、人社系の研究で、既に絶滅した言語や社会の研究は、それを直接的に利用する人がいないという意味では、すぐに役に立つ研究ではないが、そうした研究が言語や社会の発展を理解する上での重要な基礎研究であれば、その知見が社会の役に立っている。

社会の役には全く立たないで、研究個人や研究者グループだけの知的好奇心を満たすために研究を行っているというのでは、税金を支払っている人々は納得しない。社会の役に立つ研究という意味を、長い時間的視野で外部性をもつ研究であると理解すれば、人社系の研究の多くは、研究の意義について人々を説得することはそれほど難しくない。

社会的貢献を見えるようにするために

人社系の研究に限らず、研究者の世界では、研究者向けにその成果を報告することで評価を得てきた。これは学問水準の向上のためには、必要なことであるが、研究費や研究者のポストそのものが公的な資金で賄われている以上、学術の最先端の成果を一般に紹介することに学会や大学として積極的になるべきだろう。

そのためには、研究者がそれぞれ一般社会と学術の最先端の関わりについて常に意識することが必要である。また、人社系では他分野との交流が比較的少なく、研究成果や研究内容について、他分野の研究者にうまく説明することに慣れていない。少なくとも近接分野の専門家に、研究内容を理解可能な形で説明できるようにすべての研究者がなることが必要である。近い分野の専門家を説得できないのでは、一般の納税者の納得を得ることは難しい。さらに、研究課題の中に、社会問題を解決することを目的にしたものを取り入れるように意識していくことも必要である。こうした努力をすることが若手研究者のキャリア形成にもつながっていく。

1 金水敏教授の「式辞」http://skinsui.cocolog-nifty.com/skinsuis_blog/2017/03/post-ccef.html
2 山口裕之(2017)
3 日本経済団体連合会(2015)
4 日本経済団体連合会(2018)
5 「WIRED」(2012年11月25日)https://wired.jp/2012/11/25/interview_unagi/
6 大栗博司(2012)

2 反事実的思考力を養う

本を読んで得られる能力

本を読むことで培われる能力の中で、一番重要なものは、反事実的思考力だ。そう言われても、なんのことかわからない人も多いだろう。説明してみよう。仮に、大学がある教育方法を取り入れたところ、学生の成績がアップしたとする。多くの人は、この新しい教育方法は効果があったと考えるだろう。しかし、新しい教育方法が成績をアップさせるという因果関係が本当にあるかどうかはこれだけではわからない。因果関係を調べるには、仮にこの学生たちに今までの教育方法で教育したら成績はどの程度だったかを、新しい教育方法で学んだ学生の実際の成績と比較することが必要だ。こうすることで初めて、新しい教育方法に効果があったかどうかを比較できるのだ。ところが、「事実」は学生たちが新しい教育方法で教育を受けたというものだけである。彼らが従来の教育方法で教育を受けた場合というのは、「反事実」だから実際には存在しない。それにもかかわらず、実際には存在しない「反事実」と比較しないと、様々な環境や制度が社会や人に与える影響を知ることはできないのだ。

因果関係

自然科学の分野なら、「事実」と「事実」を比較することで、因果関係を明らかにできる。光が植物の成長にどのような影響を与えるかを調べるには、同じ植物から取れた種をある程度用意して、同じ土壌、同じ水分を与えて、光を当てて育てるグループと光を当てないで育てるグループを比較すればいい。光を当てて育てるグループを対照群、光を当てないで育てるグループを介入群として、両者に違いがあれば、光が植物の成長に大きな影響をもつという因果関係を推測できる。

ところが、社会科学の分野では人為的にそのようなことはなかなかできない。学生をランダムに二つのグループに分けて、新しい教育方法と古い教育方法を試してみて、どちらのグループの成績が良くなったのかを比較するというのが近い方法だ。しかし、実際にはこのようなことが試されることは少なく、一律にカリキュラム改正が行われる。せいぜい比較対象は、それ以前の学生の成績だ。ところが、毎年、学生の資質や意欲はカリキュラムの改正とは異なる理由で変わっているかもしれない。ある学年は、意欲ある学生が偶然多かったかもしれない。また、ある学年の年は、非常に気温が高くて学習効率が低かったかもしれない。インフルエンザの流行があったかもしれない。様々な条件を揃《そろ》えて比較しないとダメだ。

事実と反事実の比較

社会科学では、実際には存在しない「反事実」と実際に存在している「事実」を比較するという困難な問題に、限られた情報で立ち向かわなければならないのだ。実際、社会科学を学ぶ過程では、反事実的思考ができるように訓練を積む。しかし、そのような能力を身につけるのは、なかなか難しい。実は、そういう能力を身につけるのに有効なのは、多くの本を読むことだ。多くの人は自分が経験したことからしか物事を判断できないからだ。

「仮に、大学の授業料が全額税金で負担されて無償だったとしたら、大学教育授業料の負担のあり方や税金についてのあなたの価値観は今と異なっていただろうか」。この質問は、2

012年から2018年まで私が出演していた「オイコノミア」というNHKの経済学教養番組の収録で、若い一般の出演者が別の一般の人から受けた質問だった。この質問を受けた方は、うまく反事実的思考ができずに答えていた。そこで、「こういう条件だけを変えて考えてみてください」とヒントを出した。その議論を聞いていた番組の出演者である芸人で作家の又吉直樹《またよしなおき》さんが、「経験したことがないことを想像することは難しいですよね」と助け船を出してくれた。

小説家でもある又吉さんは、人物の気持ちや行動を自分が経験したことがないことでも想像力で作り上げていくという作業を続けているので、その難しさをよく理解しているのだろう。また、お笑いのネタを考える上でも、仮にこのようなことを言えば、人々の予想と少しずれるので笑いが生じるはずだ、ということを常に考えているので、そうした能力が鍛えられているのだろう。人の気持ちを考えられる人になりなさい、と親や教師はよく言うけれど、自分がその立場だったらどう考えるか、ということは、反事実的思考そのものだ。

フィクションであってもノン・フィクションであっても、本を読みながら、自分がその立場だったら、どのように考えて行動するだろうか、ということを考える。それが、反事実的思考力を鍛えることにつながる。反事実的思考力を培うことは、大学での勉強や研究に役立つだけではない。会社で働くようになっても、仕事を進めていく上で直面する問題の多くは、自然科学の実験のような比較対象実験が簡単にはできない。その場合には、反事実的思考で、問題の原因を素早く探り当てることが必要になってくる。つまり、自分が経験したことがないことを想像する力だ。自分が実際に経験したことは、本当に限られている。本を読むことで、先人たちが経験したこと、考えたこと、想像したことを、自分の経験に加えることができれば、あなたの反事実的思考力は飛躍的に高まるはずだ。

3　神社・お寺の近所で育つと

利他性は地域コミュニティの影響？

あなたが小学生の頃、通学路や自宅の近所に神社・寺院・お地蔵さんがあっただろうか。私たちが行った研究によれば、この質問に「はい」と答えた人は、一般的に人を信頼し、人から恩を受けると返したいと思い、利他的な傾向が高い。[1]もう少し正確に言うと、神社とお寺には少し違いがある。神社が近くにあった人は、人から恩を受けたら返したいという互恵性をもっている可能性が高い。一方、お寺かお地蔵さんが子供の頃近くにあった人は、一般的に信頼、互恵性、利他性のいずれも高い傾向がある。社会の人々や組織を信頼する程度を、ソーシャル・キャピタル（社会的資本）と呼ぶ。この水準が高ければ、人々は安心して人づきあいができ、経済取引も高まると考えられている。

お寺・地蔵・神社が小学生の頃、近所に存在したということが、互恵性と関連をもつのは、そのような地域で、コミュニティ活動がもともと活発だったことを反映しているだけではないか。

私たちが分析に用いたデータでは、小学生の頃、その地域に子供会、夏休みのラジオ体操、地域の運動会、地域の清掃活動、盆踊り、お祭り（神輿《みこし》）が存在したかどうかを質問している。ソーシャル・キャピタルを説明する際に、神社や寺院の存在に加えて、追加したコミュニティ活動を示す指標は、統計的に有意にソーシャル・キャピタルに影響をもつ。特に、子供会、夏休みのラジオ体操、地域の清掃活動、盆踊りの存在は、ソーシャル・キャピタルを高めている。これらのコミュニティ変数を追加することで、神社そのものがソーシャル・キャピタルに与える影響は統計的にはなくなってしまうが、お寺とお地蔵さんの影響は変化しない。つまり、神社が近くにあったことがソーシャル・キャピタルを高めていたのは、神社そのものというよりも神社が地域コミュニティのハブとして機能してきたため、その地域でコミュニティ活動が活発だったからということになる。しかし、お寺やお地蔵さんは、コミュニティ活動の存在とは無関係にソーシャル・キャピタルを高めている。

スピリチュアルな世界観か

小学生の頃に神社や寺院が通学路や自宅の近所にあることが、スピリチュアルな世界観と関連をもってソーシャル・キャピタルを高めている可能性はどうだろうか。私たちは、「どのような悪事も、天には必ず知られている」「神様・仏様がいる」「死後の世界（あるいは来世）の存在を信じる」「宗教を熱心に信仰している」という世界観および信仰度についてもアンケート調査で質問しておいた。小学生の頃における近隣の神社と寺院・地蔵の有無で、これらの世界観を説明できるかどうかを統計的に確かめてみたのである。興味深いのは、神社はこうしたスピリチュアルな世界観とは全く関連をもっていないのに対し、寺院・地蔵が近所にあったことは「どのような悪事も、天には必ず知られている」「神様・仏様がいる」「死後の世界（あるいは来世）の存在を信じる」の3つの世界観をもつことと関係していた。ただし、神社の存在も寺院・地蔵の存在も宗教の信仰度には関係がない。

寺院・地蔵は、神仏や死後の世界（来世）の存在というスピリチュアルな考え方を高めることを通じて、互恵性、信頼、利他性を高めていると推測される。一方、神社の存在は、そのようなスピリチュアルな世界観を通じてではなく、直接的に互恵性を高めており、それは地域のコミュニティ活動を活発にすることを通じて生じていると考えられる。このような寺院・地蔵と神社の影響の違いは、日本の神社と寺院の役割の違いと対応している。

神社とお寺・お地蔵さん

湯浅泰雄《ゆあさやすお》の『日本人の宗教意識』によると、神社はもともと「それぞれの土地の守護神（産土神《うぶすながみ》）という性格をもち、「村祭り」に代表される神道儀礼は地域住民の精神的（社会心理的）連帯機能を果たしていたものであった」という。[2] そのため、神社の存在が、その地域の人の互恵性を高める影響を直接的にもった可能性がある。実際、神道の神社の氏子に対するアンケート調査をもとに、信仰心が強い人か神社活動の頻度が高い人ほど、地域・近隣の人々との交流が活発で、人々に対する信頼度が高いことを明らかにした金谷信子《かなやのぶこ》の研究がある。[3] 神社の存在とコミュニティ活動の活発さが関係しており、それが、その地域の互恵性を高めたという私たちの実証結果は、今までの研究と整合的である。

一方、寺院は「葬式仏教」という言葉にも示されているように、かつては死者ないし祖先の生と自己の現在の生のつながりを回想し、自覚する上で重要な役割を果たしており、「神道は日本人の生の空間性と地縁的原理を指示し、仏教は時間性と血縁的原理を指示している」という（湯浅前掲書、傍点は原著）。つまり、神社は地縁というソーシャル・キャピタルを高め、寺院は血縁というソーシャル・キャピタルを高めてきたと考えられる。

誰かに見られているという感覚

仏像やお地蔵さんが身近にあると、人々は神様や人から見られている感覚をもつようになる可能性がある。ごみの不法投棄を防ぐために、鳥居のミニチュアやお地蔵さんを設置することが各地で行われており、その効果が認められている。人から見られている感覚をもつと、人々は利他的な行動をとったり、正直な行動をとる傾向があることが心理学の実験で確認されている。[4,5] また、実験の前にモーゼの十戒を思い出させた被験者は、子供の頃に読んだ本を思い出させた被験者よりも、嘘《うそ》をつきにくいことを示した研究もある。[6] さらに、別の研究者らは神を意識させた被験者は、独裁者ゲームにおいて、より多くのお金を匿名の他人に配分するという意味でより利他的な行動をとることを示した。[7]

子供の頃に寺院や地蔵菩薩《じぞうぼさつ》を目にする機会が多ければ、無意識のうちに仏や輪廻《りんね》を信じる可能性が高くなり、その背後にある祖先を通じた血縁的なソーシャル・キャピタルが高まる可能性がある。一方、神社が近隣にあれば、その地域は神社を通じた地縁ネットワークが発達していた可能性が高い。

ソーシャル・キャピタルが高まると

ソーシャル・キャピタルが高いと経済的取引の取引費用が低下するため、所得が高く幸福度も高いと予想され、またそれを示した実証研究も多い。「一般的に言って人は信用できる」という考え方を意味する一般的信頼の高さが一人あたりの所得や経済成長率と正の相関をもっていることが明らかにされている。個人レベルでもソーシャル・キャピタルが高いと、所得、健康、幸福度が高いということを示した研究は多い。

一方、ソーシャル・キャピタルが高まると所得や経済成長に必ずプラスの影響があるわけではないという指摘もある。ソーシャル・キャピタルには、家族や友人とのネットワークのように同じバックグラウンドをもつ結束型ソーシャル・キャピタル（bonding social capital）と、バックグラウンドが異なるコミュニティの間をつなぐような橋渡し型ソーシャル・キャピタル（bridging social capital）が存在する。精神主義的な価値観と家族や友人との結束型ネットワークを重視する住民が多い地域ほど、橋渡し型ソーシャル・キャピタルが少なく、経済成長を低めているということを見出した研究や、家族の連体感というソーシャル・キャピタルが強いと高所得を求めての地域間労働移動が減り、失業率も高まるという研究もある。

所得、健康、幸福度とソーシャル・キャピタルの間に正の関係があったとしても、後者から前者への因果関係を示しているとは限らないのだ。私たちの研究では、神社仏閣が近所にあったことは、ソーシャル・キャピタルを高めるけれど、それが直接的に所得、健康、幸福度に影響を与えるとは考えられない。そこで、子供の頃、神社仏閣が近所にあったかどうかという違いがソーシャル・キャピタルに違いをもたらす効果を利用すれば、ソーシャル・キャピタルから所得、健康、幸福度への因果関係を推測できる。

ソーシャル・キャピタルと所得、健康、幸福度

私たちは、神社仏閣の有無をソーシャル・キャピタルの変動要因として使って、ソーシャル・キャピタルから所得、健康、幸福度への影響を分析してみた。その結果、ソーシャル・キャピタルは意外にも所得には影響を与えない。しかし、健康と幸福度にはプラスの影響を与えていた。

なぜ、人間関係の豊かさを表すソーシャル・キャピタルが所得に影響を与えないのだろうか。私たちはその理由について、結束型ソーシャル・キャピタルが地域間労働移動を減らすため、所得上昇効果を打ち消しているからだと考えた。実際、神社仏閣の存在によって高められたソーシャル・キャピタルは人々の地域間移動を減少させることを統計的に確認した。同時に、ソーシャル・キャピタルは、経済的な満足度や仕事での満足度にもプラスの影響をもたらさない。

一方、ソーシャル・キャピタルの高さは、健康と幸福度には、プラスの因果効果をもつ。満足度を分析してみても、ソーシャル・キャピタルが高い人は、友人関係や地域への満足度が高い。

子供の頃にお寺やお地蔵さんがあると、スピリチュアルな世界観をもち、一般的信頼、互恵性、利他性が高まる。それによって、所得の上昇はないけれど、健康と幸福感が得られる。同様に、神社があれば、地域のコミュニティ活動の活発さを通じて、互恵性が育まれ、健康と幸福度の上昇が得られる。子供の頃の環境が大人になっても意外に影響しているのだ。

1 伊藤高弘、窪田康平、大竹文雄（2017）
2 湯浅泰雄（1999）
3 金谷信子（2013）
4 Bateson, Nettle and Roberts（2006）
5 Oda, Niwa, Honma and Hiraishi（2011）
6 Mazar, Amir and Ariely（2008）
7 Shariff and Norenzayan（2007）

エピローグ　経済学は役に立つ

経済学者として、私は政府や自治体に審議会や研究会の委員という形で様々な政策提言をしてきた。最近では、企業からもアドバイスを求められることが増えてきた。公的な部門への協力についても、市民の行動変容を促す情報提供方法に関するものが増えている。これは、私の研究テーマが伝統的経済学から行動経済学に移ってきたことを反映している。伝統的経済学の考え方では、経済学者が消費者や企業にアドバイスすべきことはあまりない。なぜなら、人々は自分の目標を達成するために、あらゆる情報を集めて、最善の行動をしているはずだと伝統的経済学では想定されているからだ。市場競争ではうまくいかない分野に公的部門である政府や自治体の仕事があり、経済学の仕事は、そうした公的部門がどのような規制を民間部門に対して行うか、どのような税金を課したり、補助金を給付したりすべきかを考えることだった。

しかし、行動経済学では、様々な心理的バイアスや計算能力の限界によって、人々は必ずしも最適な意思決定や行動をとれていないと考えている。そのため、行動経済学の専門家は、現実の企業や消費者がよりよい行動をとるために、どのような介入をすべきかについて具体的な提言ができる。課題となっている状況を知れば、行動経済学で知られているバイアスをもとに、何がボトルネックとなっているかについての予想を立てられるからだ。そして、そのボトルネックを解消するための方法も行動経済学をもとに考えられるのだ。もちろん、そうした提案によって、どの程度問題が解決するかは、検証してみないとわからない。

もう一つ、行動経済学者がアドバイスを求められる理由としては、人々が望ましい行動をとれないということを当然のこととして受け入れるという点にあるのではないかと考えている。伝統的経済学では、人々は最適な行動をするはずなのにそういう行動をしていないことは、最適なことをしていないという問題を「上から目線」で指摘することになる。「どうして正しいことができないのか」と指摘されて、うれしい人がいるはずがない。うまくいかないことを受け入れて、その現実的な解決策を提案してあげないと相談を求める人の満足度は高まらないだろう。

『医療現場の行動経済学』（東洋経済新報社）という本を出した際に、多くの医療者から「患者さんの考えていることがよくわかるようになり、患者さんに腹が立たなくなった」という感想をもらった。私自身の学生の指導法も行動経済学を研究するようになってからずいぶん変わったと思う。子供を育てる前に行動経済学を研究していたら、と後悔することもある。

本書では、社会や仕事の様々な課題の解決策について、伝統的経済学と行動経済学の両方の視点から議論した。行動経済学や経済学の考え方を使えば、様々な問題は既に解決されていることに気づいたり、解決策を思いついたりすることができる。自分の心の悩みを解決するために心理学を学ぶ人は多いだろう。自分の行動についての悩みを解決したい、社会や組織の課題を解決したいという人は、行動経済学を学ぶべきだ。経済学は現実には役立たないと思い込んでいる人たちに、これほど役立つものなのかと、経済学に対するイメージを変えてもらいたい。本書を読んだ人の中で、経済学への認識を変えて、家族や知り合いに経済学の面白さを伝えてくれる人が出てきてほしい。そうした思いで本書を執筆した。

本書の執筆にあたっては、多くの人にお世話になった。本書内容については、大阪大学経済学部の授業やゼミで紹介した内容もある。出席してくれた学生たちからは、様々な意見や感想をもらい、ゼミ生の岩本颯馬さん、竹内和也さん、萩原志穂さん、浜崎旭さん、山根貴司さんからは本の原稿にコメントを頂いた。研究室秘書の中井美恵さんは、もとの原稿を丁寧にチェックしてくださった。中央公論新社の工藤尚彦さんと小野一雄さんは、本書の執筆を勧めてくださり、素晴らしい編集をしてくださった。２００２年12月に小野さんから執筆を依頼されたときには、その後20年の間に本書を入れて4冊も中公新書を刊行させて頂くことになるとは思いもよらなかった。皆様に感謝したい。なお、本書のもとになった研究は科研費基盤研究（S）（20H05632）の成果である。ここに謝意を表したい。

最後に、本書の内容をいつも聞いてくれた家族にお礼を述べたい。

２０２２年10月

大竹文雄

OECD, 2018. Behavioural Insights Toolkit and Ethical Guidelines for Policy Makers.

Okubo, T., Inoue, A. and Sekijima, K., 2021. Teleworker Performance in the COVID-19 Era in Japan. *Asian Econ. Pap*. 20, 175–192. doi:10.1162/asep_a_00807.

Okudaira, H., Takizawa, M. and Yamanouchi, K., 2019. Minimum wage effects across heterogeneous markets. *Labour Econ*. 59, 110–122. doi:10.1016/j.labeco.2019.03.004.

Sasaki, S., Kurokawa, H. and Ohtake, F., 2021. Effective but fragile? Responses to repeated nudge-based messages for preventing the spread of COVID-19 infection. *Japanese Econ. Rev*. 72, 371–408. doi:10.1007/s42973-021-00076-w.

Sasaki, S., Saito, T. and Ohtake, F., 2022. Nudges for COVID-19 voluntary vaccination: How to explain peer information? *Soc. Sci. Med*. 292, 114561. doi:https://doi.org/10.1016/j.socscimed.2021.114561.

Shariff, A.F. and Norenzayan, A., 2007. God Is Watching You: Priming God Concepts Increases Prosocial Behavior in an Anonymous Economic Game. *Psychol. Sci*. 18, 803–809. doi:10.1111/j.1467-9280.2007.01983.x.

Shelkova, N., 2015. Low-Wage Labor Markets and the Power of Suggestion. *Rev. Soc. Econ*. 73, 61–88. doi:10.1080/00346764.2014.960662.

Takaku, R. and Yokoyama, I., 2021. What the COVID-19 school closure left in its wake: Evidence from a regression discontinuity analysis in Japan. *Journal of Public Economics*, 195, 104-364 doi.org/10.1016/j.jpubeco.2020.104364.

Thaler, R.H., 2018. Nudge, not sludge. *Science*. 361（6401）, 431.

Waldfogel, J., 1993. The Deadweight Loss of Christmas. *Am. Econ. Rev*. 83, 1328–1336.

Kawaguchi, D. and Mori, Y., 2009. Is minimum wage an effective anti-poverty policy in Japan? *Pacific Econ. Rev*. 14, 532–554. doi:10.1111/j.1468-0106.2009.00467.x.

Kitagawa, R., Kuroda, S., Okudaira, H. and Owan, H., 2021. Working from home and productivity under the COVID-19 pandemic: Using survey data of four manufacturing firms. PLoS One 16, 1–24. doi:10.1371/journal.pone.0261761.

Krueger, A.B. and Ashenfelter, O., 2021. Theory and Evidence on Employer Collusion in the Franchise Sector. *J. Hum. Resour*. 57, S324–S348. doi:10.3368/jhr.monopsony.1019-10483.

Levitt, S.D., 2021. Heads or Tails: The Impact of a Coin Toss on Major Life Decisions and Subsequent Happiness. *Rev. Econ. Stud*. 88, 378–405. doi:10.1093/restud/rdaa016.

List, J.A. and Momeni, F., 2020. When Corporate Social Responsibility Backfires: Evidence from a Natural Field Experiment. *Manage. Sci*. 67, 8–21. doi:10.1287/mnsc.2019.3540.

List, J.A. and Shogren, J.F., 1998. The Deadweight Loss of Christmas: Comment. *Am. Econ. Rev*. 88, 1350–1355.

Maier, M., Bartoš, F., Stanley, T.D., Shanks, D.R., Harris, A.J.L. and Wagenmakers, E.-J., 2022. No evidence for nudging after adjusting for publication bias. *Proc. Natl. Acad. Sci*. 119, e2200300119. doi:10.1073/pnas.2200300119.

Manning, A., 2003. *Monopsony in Motion: Imperfect Competition in Labor Markets*. Princeton University Press, N.J., Princeton.

Mas, A. and Moretti, E., 2009. Peers at Work. *Am. Econ. Rev*. 99, 112–145. doi:10.1257/aer.99.1.112.

Mazar, N., Amir, O. and Ariely, D., 2008. The Dishonesty of Honest People: A Theory of Self-Concept Maintenance. *J. Mark. Res*. 45, 633–644. doi:10.1509/jmkr.45.6.633.

Monteiro, N.P., Straume, O.R. and Valente, M., 2019. Does Remote Work Improve or Impair Firm Labour Productivity? Longitudinal Evidence from Portugal. *SSRN Electron. J*. doi:10.2139/ssrn.3507262.

Nyborg, K., 2014. Do responsible employers attract responsible employees? *IZA World Labor* 1–10. doi:10.15185/izawol.17.

Nyborg, K. and Zhang, T., 2013. Is Corporate Social Responsibility Associated with Lower Wages? *Environ. Resour. Econ*. 55, 107–117. doi:10.1007/s10640-012-9617-8.

Oda, R., Niwa, Y., Honma, A. and Hiraishi, K., 2011. An eye-like painting enhances the expectation of a good reputation. *Evol. Hum. Behav*. 32, 166–171. doi:https://doi.org/10.1016/j.evolhumbehav.2010.11.002.

Brekke, K.A., Hauge, K.E., Lind, J.T., Nyborg, K., 2009. Playing with the good guys - A public good game with endogenous group formation. *Journal of Public Economics*. 95, 1111-1118. doi: 10.1016/j.jpubeco.2011.05.003.

Brucks, M.S. and Levav, J., 2022. Virtual communication curbs creative idea generation. *Nature*. doi:10.1038/s41586-022-04643-y.

Bursztyn, L., González, A.L. and Yanagizawa-Drott, D., 2020. Misperceived Social Norms: Women Working Outside the Home in Saudi Arabia. *Am. Econ. Rev*. 110, 2997–3029. doi:10.1257/aer.20180975.

Card, D. and Krueger, A.B., 1995. *Myth and Measurement: The New Economics of the Minimum Wage*. Princeton University Press.

Cengiz, D., Dube, A., Lindner, A. and Zipperer, B., 2019. The Effect of Minimum Wages on Low-Wage Jobs. *Q. J. Econ*. 134, 1405–1454. doi:10.1093/qje/qjz014.

Frakes, M.D. and Wasserman, M.F., 2021. Knowledge spillovers, peer effects, and telecommuting: Evidence from the U.S. Patent Office. *J. Public Econ*. 198, 104425. doi:https://doi.org/10.1016/j.jpubeco.2021.104425.

Gee, L.K., Jones, J. and Burke, M., 2017. Social Networks and Labor Markets: How Strong Ties Relate to Job Finding on Facebook's Social Network. *J. Labor Econ*. 35, 485–518. doi:10.1086/686225.

Goldin, C. and Rouse, C., 2000. Orchestrating Impartiality: The Impact of "Blind" Auditions on Female Musicians. *Am. Econ. Rev*. 90, 715–741. doi:10.1257/aer.90.4.715.

Granovetter, M.S., 1973. The strength of weak ties. *American Journal of Sociology*, 78, 1360–80.

Hallsworth, M., List, J.A., Metcalfe, R.D. and Vlaev, I., 2017. The behavioralist as tax collector: Using natural field experiments to enhance tax compliance. *Journal of Public Economics* (https://www.nber.org/system/files/working_papers/w20007/w20007.pdf). 148, 14-31.

Hara, H., 2017. Minimum wage effects on firm-provided and worker-initiated training. *Labour Econ*. 47, 149–162. doi:https://doi.org/10.1016/j.labeco.2017.05.011.

He, J.C., Kang, S.K. and Lacetera, N., 2021. Opt-out choice framing attenuates gender differences in the decision to compete in the laboratory and in the field. *Proc. Natl. Acad. Sci*. 118, e2108337118. doi:10.1073/pnas.2108337118.

Johnson, E.J. and Goldstein, D., 2003. Do Defaults Save Lives? *Science*. 302, 1338-1339.

自殺」(2022.02.06) https://covid19outputjapan.github.io/JP/files/BatistaFujiiNakata_Suicides_20220206.pdf

Abel, M., Burger, R., Carranza, E. and Piraino, P., 2019. Bridging the Intention-Behavior Gap? The Effect of Plan-Making Prompts on Job Search and Employment. *Am. Econ. J. Appl. Econ*. 11, 284–301. doi:10.1257/app.20170566.

Ariely, D., Kamenica, E. and Prelec, D., 2008. Man's search for meaning: The case of Legos. *J. Econ. Behav. Organ*. 67, 671–677. doi:https://doi.org/10.1016/j.jebo.2008.01.004.

Asakawa, S. and Ohtake, F., 2021. Impact of Temporary School Closure Due to COVID-19 on the Academic Achievement of Elementary School Students. *Discussion Papers in Economics and Business*, Osaka University. 21-14.

Autor, D.H., 2018. Trade and labor markets: Lessons from China's rise. *IZA World of Labor* 1–12. doi:10.15185/izawol.431.

Bandiera, O., Barankay, I. and Rasul, I., 2010. Social Incentives in the Workplace. *Rev. Econ*. Stud. 77, 417–458. doi:10.1111/j.1467-937X.2009.00574.x.

Bateson, M., Nettle, D. and Roberts, G., 2006. Cues of being watched enhance cooperation in a real-world setting. *Biol. Lett*. 2, 412–414. doi:10.1098/rsbl.2006.0509.

Bavel, J.J.V., Baicker, K., Boggio, P.S., Capraro, V., Cichocka, A., Cikara, M., Crockett, M.J., Crum, A.J., Douglas, K.M., Druckman, J.N., Drury, J., Dube, O., Ellemers, N., Finkel, E.J., Fowler, J.H., Gelfand, M., Han, S., Haslam, S.A., Jetten, J., Kitayama, S., Mobbs, D., Napper, L.E., Packer, D.J., Pennycook, G., Peters, E., Petty, R.E., Rand, D.G., Reicher, S.D., Schnall, S., Shariff, A., Skitka, L.J., Smith, S.S., Sunstein, C.R., Tabri, N., Tucker, J.A., Linden, S. van der, Lange, P. van, Weeden, K.A., Wohl, M.J.A., Zaki, J., Zion, S.R. and Willer, R., 2020. Using social and behavioural science to support COVID-19 pandemic response. *Nat. Hum. Behav*. 4, 460–471. doi:10.1038/s41562-020-0884-z.

Berggren, N. and Bjornskov, C., 2011. Is the importance of religion in daily life related to social trust? Cross-country and cross-state comparisons. *J. Econ. Behav. Organ*. 80, 459–480. doi:10.1016/j.jebo.2011.05.002.

Bloom, N., Liang, J., Roberts, J. and Ying, Z.J., 2015. Does Working from Home Work? Evidence from a Chinese Experiment. *Q. J. Econ*. 130, 165–218. doi:10.1093/qje/qju032.

Marriage_20220208.pdf
千葉安佐子，仲田泰祐（2022b）「コロナ禍における出生」（2022.02.08）https://covid19outputjapan.github.io/JP/files/ChibaNakata_Birth_20220208.pdf
津川友介（2018）「なぜ医師の診療パターンに違いがあるのか」『医療現場の行動経済学』大竹文雄，平井啓編著，東洋経済新報社
内閣府男女共同参画局（2021）「コロナ下の女性への影響と課題に関する研究会報告書」https://www.gender.go.jp/kaigi/kento/covid-19/index.html
仲田泰祐，岡本亘（2022）「第6波における重症化率・致死率モニタリング」（2022.1.10）https://covid19outputjapan.github.io/JP/files/NakataOkamoto_ICUDeathMonitoring_20220110.pdf
日本経済団体連合会（2015）「国立大学改革に関する考え方」http://www.keidanren.or.jp/policy/2015/076.html
日本経済団体連合会（2018）「今後のわが国の大学改革のあり方に関する提言」http://www.keidanren.or.jp/policy/2018/051_honbun.pdf
平田晃正（2022）「新規感染者数，重症者数などの予測#3- Update」（2022.03.01）https://www.covid19-ai.jp/ja-jp/presentation/2021_rq3_countermeasures_simulation/articles/article279/
藤井大輔，眞智恒平，仲田泰祐（2021）「ワクチン接種完了後の世界：コロナ感染と経済の長期見通し」https://covid19outputjapan.github.io/JP/files/FujiiNakata_LongTermOutlook_20210831.pdf（2021.9.10アクセス）
古瀬祐気（2021）「新型コロナウイルスワクチン接種後の社会における感染拡大」新型コロナウイルス感染症対策分科会（第7回）日時:令和3年9月3日（金）参考資料3 https://www.cas.go.jp/jp/seisaku/ful/taisakusuisin/bunkakai/dai7/gijisidai.pdf（2021.9.10アクセス）
イリス・ボネット（2018）『WORK DESIGN：行動経済学でジェンダー格差を克服する』池村千秋訳，NTT出版
森川正之（2020）「コロナ危機下の在宅勤務の生産性：就労者へのサーベイによる分析」（No. 20- J- 034），RIETI Discussion Paper Series
森川正之（2020）「新型コロナと在宅勤務の生産性：企業サーベイに基づく概観」（No. 20- J- 041），RIETI Discussion Paper Series
山口裕之（2017）『「大学改革」という病――学問の自由・財政基盤・競争主義から検証する』明石書店
湯浅泰雄（1999）『日本人の宗教意識』講談社学術文庫
渡辺努，藪友良（2020）「日本の自発的ロックダウンに関する考察」https://www.centralbank.e.u-tokyo.ac.jp/wp-content/uploads/2020/08/cb-wp026.pdf Watanabe T, Yabu T（2021）Japan's voluntary lockdown. PLoS ONE 16（6）: e0252468
Batista, Q., 藤井大輔，仲田泰祐（2022）「コロナ禍における子供の超過

参考文献

明坂弥香，伊藤由樹子，大竹文雄（2017）「最低賃金の変化が就業と貧困に与える影響」Osaka University，Discussion Paper No.999
伊藤高弘，窪田康平，大竹文雄（2017）「寺院・地蔵・神社の社会・経済的帰結：ソーシャル・キャピタルを通じた所得・幸福度・健康への影響」ISER Discussion Paper No.995
大栗博司（2012）「役に立たない研究の効能」『数学通信』17（2），4-5. https://mathsoc.jp/publication/tushin/index17-2.html
大竹文雄（2019）『行動経済学の使い方』岩波新書
大竹文雄，加藤大貴（2021）「緊急事態宣言は誰の働き方を変えたか」『コロナ禍における個人と企業の変容 ―働き方・生活・格差と支援策』樋口美雄／労働政策研究・研修機構 編，慶応義塾大学出版会
大竹文雄，坂田桐子，松尾佑太（2020）「豪雨災害時の早期避難促進ナッジ」（No. 20- J- 015），RIETI Discussion Paper Series
金谷信子（2013）「日本の伝統宗教とソーシャル・キャピタル：神社活動を事例に」『宗教と社会貢献』3, 1-25
北村周平（2022）「まん延防止等重点措置の政策評価レポート」https://www.dropbox.com/s/2l3ruklzl7a7sn2/Mambo_v1.pdf?dl=0,（2022.03.09）
久保田荘（2021）「感染と経済の中期展望」https://covid19outputjapan.github.io/JP/files/kubota_covid_0907.pdf（2021.9.10 アクセス）
国立社会保障・人口問題研究所（2017）「日本の将来推計人口（平成29年推計）報告書」https://www.ipss.go.jp/pp-zenkoku/j/zenkoku2017/pp29_ReportALL.pdf
小松理虔（2018）『新復興論』ゲンロン
佐々木周作，齋藤智也，大竹文雄（2021）「ワクチン接種意向の状況依存性：新型コロナウイルス感染症ワクチンに対する支払意思額の特徴とその政策的含意」（No. 21- J- 007），RIETI Discussion Paper Series
島田貴仁，本山友衣，大竹文雄（2019）「公共空間に設置された喫煙所でのはみだし喫煙防止のための介入実験（2）―公園内の喫煙所におけるナッジ介入―」『人間・環境学会誌』22，8. doi:10.20786/mera.22.1_8
アダム・スミス（2007）『国富論（上・下）』山岡洋一訳，日本経済新聞出版社
リチャード・セイラー，キャス・サンスティーン（2009）『実践 行動経済学：健康，富，幸福への聡明な選択』遠藤真美訳，日経BP社
瀬戸健，大竹文雄（2017）「異色対談」『週刊東洋経済』2017年11月25日号，40-43
千葉安佐子，仲田泰祐（2022a）「コロナ禍における婚姻」（2022.02.08）https://covid19outputjapan.github.io/JP/files/ChibaNakata_

大竹文雄（おおたけ・ふみお）

1961年（昭和36年）京都府生まれ．1983年京都大学経済学部卒業．1985年大阪大学大学院経済学研究科博士前期課程修了．1985年大阪大学経済学部助手，同大学院経済学研究科教授などを経て，2021年より大阪大学感染症総合教育研究拠点特任教授．博士（経済学）．専門は行動経済学，労働経済学．2006年，日本経済学会・石川賞受賞．2008年，日本学士院賞受賞．
著書『労働経済学入門』（日経文庫，1998年）
　　『日本の不平等』（日本経済新聞社，2005年，サントリー学芸賞，日経・経済図書文化賞，エコノミスト賞受賞）
　　『経済学的思考のセンス』（中公新書，2005年）
　　『競争と公平感』（中公新書，2010年）
　　『競争社会の歩き方』（中公新書，2017年）
　　『医療現場の行動経済学』（共編著，東洋経済新報社，2018年）
　　『行動経済学の使い方』（岩波新書，2019年）
　　『あなたを変える行動経済学』（東京書籍，2022年）

行《こう》動《どう》経《けい》済《ざい》学《がく》の処《しょ》方《ほう》箋《せん》
中公新書 *2724*

2022年11月25日発行

著　者　大竹文雄
発行者　安部順一

本文印刷　暁印刷
カバー印刷　大熊整美堂
製　本　小泉製本
発行所　中央公論新社
〒100-8152
東京都千代田区大手町1-7-1
電話　販売 03-5299-1730
　　　編集 03-5299-1830
URL https://www.chuko.co.jp/

Published by CHUOKORON-SHINSHA, INC.
Printed in Japan　ISBN978-4-12-102724-5 C1233

中公新書

経済・経営

g1

2000 戦後世界経済史 猪木武徳
2185 経済学に何ができるか 猪木武徳
2659 経済社会の学び方 猪木武徳
1936 アダム・スミス 堂目卓生
2679 資本主義の方程式 小野善康
2502 日本型資本主義 寺西重郎
2307 ベーシック・インカム 原田泰
2388 人口と日本経済 吉川洋
2338 財務省と政治 清水真人
2541 平成金融史 西野智彦
2041 行動経済学 依田高典
2501 現代経済学 瀧澤弘和
1658 戦略的思考の技術 梶井厚志
1824 経済学的思考のセンス 大竹文雄
2045 競争と公平感 大竹文雄
2447 競争社会の歩き方 大竹文雄
2575 移民の経済学 友原章典
2473 人口減少時代の都市 諸富徹
1648 入門 環境経済学 日引聡・有村俊秀
2571 アジア経済とは何か 後藤健太
2506 中国経済講義 梶谷懐
2420 フィリピン—急成長する若き「大国」 井出穣治
2199 経済大陸アフリカ 平野克己
290 ルワンダ中央銀行総裁日記（増補版） 服部正也
2612 デジタル化する新興国 伊藤亜聖
2724 行動経済学の処方箋 大竹文雄